OSSI, BENIMM DICH!

Eulenspiegel Verlag

INHALT

Aufbruch Ost / *Ernst Röhl* // 7

RATGEBER POLITIK & SOZIALES
Demokratie begreifen / *Mathias Wedel* // 14
Ex-Ossi und Ossi unter Ossis / *Gabriele Stave* // 18
Uneingeschränkte Solidarität richtig üben / *Matthias Biskupek* // 24
Wie werde ich Unternehmer? / *Thomas Wieczorek* // 26
Das Leben kann so leicht sein / *Mathias Wedel* // 29
Die Arbeit macht den Menschen zum Affen / *Matthias Biskupek* // 31
Von Nachrichten einst und heute / *Günter Herlt* // 34
Partei, Partei, wer wollte sie nicht nehmen … / *Thomas Wieczorek* // 37
Der Ossi und sein Gedächtnis / *Wolfgang Mocker* // 41
Neue Idole braucht das Land / *Günter Herlt* // 45
Für das Gute! Wider das Böse! / *Ernst Röhl* // 48

RATGEBER FAMILIE & SCHULE
Macht Kinder! / *Mathias Wedel* // 54
Im Einkaufsparadies / *Günter Herlt* // 57
Westbesuch / *Wolfgang Mocker* // 60
Leitfaden für ein freiheitlich-demokratisches Familienleben / *Thomas Wieczorek* // 62
Liebe Kinder / *Mathias Wedel* // 65

Der Ossi und die R-Reform / *Wolfgang Mocker* // 70
Speziell für Ossas: Ratschläge für den Sex
mit Wessis / *Mathias Wedel* // 75

RATGEBER FUN & LIFESTYLE

Richtig lesen – gestern
und heute / *Matthias Biskupek* // 80
Die Feng-Shui-Falle / *Gabriele Stave* // 84
Sieben Grundsätze
fürs Freizeitverhalten / *Günter Herlt* // 88
Onkel Willys wundersame
Wandlung / *Günter Herlt* // 92
Der Ossi feiert / *Gabriele Stave* // 95
Völker hört die Signale! / *Matthias Biskupek* // 100
Zur Geschäftsordnung
des Vereins / *Matthias Biskupek* // 104
Fit oder fett? / *Gabriele Stave* // 106
Die Umwertung der Werte / *Günter Herlt* // 111

PRAXISÜBUNGEN

Erkenne dich selbst! / Ein Fragebogen // 118
Sülzomat und Mindestwortschatz / *Ernst Röhl* // 121
Was ist out? Was ist in? // 126

■ AUFBRUCH OST

Wir sind doch alle Deutsche, der eine ein bißchen mehr, der andere ein bißchen weniger. Die Ostfriesen gelten als die Mecklenburger des Westens, die Bayern als Sachsen des Südens. Die Süddeutsche Zeitung ist der Nordkurier des Westens. Wolfgang Thierse mit seinem überdimensionalen Damenbart ist die Rita Süßmuth des Ostens. Achim Mentzel ist der Tony Marshall, Dagmar Frederic die Carolin Reiber, Gregor Gysi der Gerhard Schröder, Ede Geyer der Ottmar Hitzfeld, Frank Schöbel der Udo Lindenberg, Hermann Kant der Konsalik des Ostens. Die Oder ist der Rhein des Ostens, der Fichtelberg die Zugspitze des Ostens, das Eisbein der Saumagen des Ostens, da schaust, gell?

Ich weiß, mein junger ostdeutscher Freund, das alles hilft dir halt eh nicht weiter. Nie wieder Jungfrau, sagst du dir, nie wieder Ossi! Lieber heute als morgen möchtest du diese voll verschnarchte Ossi/Trabbi-Ausstrahlung loswerden. Doch dir fehlt die Entschlossenheit, über deinen Schatten zu springen. Dir fehlt der nötige Biß! Zonendödel, so lautet dein werter Kosename. Friede, Freude, Eierkuchen, so lautet deine Maxime. Auch nach mehr als zehn Jahren Wiederverschweinigung fehlen dir noch immer die stählernen Ellenbogen für den Verdrängungswettbewerb. Noch immer sagst du Obst statt Obbbbbst und Krebs statt Krebbbbbs. Noch immer hast du – Weichei! – keinen Spasssss an Mobbing, Zank und Streit. Du mußt konfliktfähig werden!

In Teterow und Hohenstein-Ernstthal kannst du nicht länger bleiben. Starte durch in die neue Zeit! Parole: Vom Teddybär der deutschen Einheit zum Power-Wessi, trotz

höheren Lebensalters jung, dynamisch und fit wie ein Turnschuh der Dax-Firma adidas.

Du mußt endlich ankommen in Deutschland!

Das geht ganz leicht. Fahr sofort zum Hauptbahnhof und verlange am Schalter »einmal Deutschland nur hin, bitte!« Übrigens wird es mit Bahncard billiger.

Wenn du in Deutschland ankommen willst, mußt du auf die Preise achten, damit fängt's schon mal an.

Wenn du ernstlich in Deutschland ankommen willst, verabrede dich zum Date nie mehr für dreiviertel acht, sondern auf viertel vor acht.

Sag nie mehr Teterow oder Hohenstein-Ernstthal – sag einfach Teteroff und Hohensteinernsthal!

Sei arrogant, wenn du ankommen willst in Deutschland, sei belastbar! Jammre nicht, prahle!

Du bist der Supermän, der Hunderttausendsassa. Du kennst so tolle Leute, zum Beispiel die Putze des Friseurs des besten Freundes des Stellvertretenden Vorstandsvorsitzenden der Inkontinenz- und Wechselbank! Und was hast du nicht schon alles geleistet: Du bist ein großer Erfinder und hast einen digitalisierten Salzstreuer für zwölf Personen erfunden. Du warst Geigerzähler bei den berühmten Wiener Philharmonikern, du warst jahrelang Flaschenöffner bei Harald Juhnke, das soll dir erst mal einer nachmachen.

Iß, wenn du in Deutschland ankommen willst, keine Salzkartoffeln! Nie mehr! Die zentrale Markt- und Preisberichtsstelle hat ermittelt, daß der Vielfraß der fünf teuren Bundesländer lieber Salzkartoffeln mampft als leckere Pommfritz. Der Gourmet in Know-How-Country dagegen zieht Pommfritz vor, weil er nicht für einen Mitesser aus dem ehemaligen Geltungsbereich der Deutschen Reichsbahn gehalten werden will; auch trägt er keine Armbanduhr, sondern eine Rolex und fährt nicht irgendein x-beliebiges Motorrad wie der Ostler, sondern eine Harley.

Sei Hedonist!

Vergiß die Dritte Welt, bekenne dich zum Hedonismus.

Verlache die Antihedonisten! Weine, wenn du im angesagtesten Siebensterne-Lokal nicht das gewünschte Dressing für deinen Salat erhältst! Flicht in deine Rede unauffällig spitze Wohlstandsschreie ein: »Wo ist denn nur mein Drittwagen?! Wo ist mein Vierthändy?! Wo steckt denn bloß meine fünfte Frau?! Wehe, die schmökert wieder in meinem Zweitbuch!«

Gib keinem mehr die Hand!

So was wäre kontraproduktiv und verräterisch. Die Ostler neigen zum Anfassen und reichen sich viel öfter die schweißigen Hände als ihre Brüder und Schwestern im Westen unserer Heimat. Das hat eine Emnid-Umfrage für das Ratgeberjournal »Stil & Etikette« ergeben. Während sich mehr als zwei Drittel der Ostdeutschen (70 Prozent) mit Handschlag begrüßen, kommen die Westler über knapp 42 Prozent Scheekhänds nicht hinaus. Tendenz fallend. Merke: Händeschütteln ist aufdringlich.

Händeschütteln ist sehr, sehr unhygienisch.

Und bitte keine überlebte Höflichkeit! Erniedrige dich nicht! Halt niemandem mehr die Tür auf! Und hör endlich auf, Omas, Blinde und Sehschwache über die Straße zu bringen! Leg endlich los mit Steuerhinterziehung und illegalen Parteispenden! Gründe mit Krediten der Deutschen Bank eine Startup-Produktionsfirma für Hardcore-Kinderpornos, halt aber deine eigenen Sprößlinge von der Kita fern; denn ostdeutsche Kinderverkrippung und kollektives Töpfchensitzen sind bekanntlich Ursachen rechter Gewalt. Solltest du persönlich ein Faible für die rechte Gewalt haben, wogegen ja gar nichts einzuwenden wäre, zähl einfach die Hakenkreuze im aktuellen Nachrichtenmagazin *Der Spiegel*.

Zum Schluß noch mal ganz langsam zum Mitschreiben:

Ändere dein Leben! Nie wieder Blößenwahn! Nie mehr baden am Nacktstrand! Kauf dir für fünftausend Euro eine Markenbadehose von Armani! Parole: Sehen und gesehen werden! Keine Ostprodukte mehr! Nie wieder Rondo-Röstfein, Dallmayrs Prodomo for ever!

Aber! Wenn die Sonne sinkt, wenn's im gemischten Doppel in die Heia geht, sei flexibel! Sei Schlappschwanz! Ost/West-Sexpertinnen, die es im Selbstversuch am eigenen Leibe getestet haben, sind sich ganz sicher: Richtig guten Sex machen nur Durchhalte-Dumpfbacken aus dem Osten. Dieses Forschungsergebnis bedeutet für dich: Hände weg von Viagra! Laß dich hängen! Simuliere Impotenz – schon bist du angekommen in Deutschland! Wenn Günter Jauch dir eines Tages beim Millionärsraten die Intelligenzfrage stellt: »Wo geht am Morgen die liebe Sonne auf?

A: im Süden? B: im Norden? C: im Osten? Oder D: im ...« Laß ihn gar nicht erst ausreden!

Und sollte ein Sperling, der Vogel des Jahres 2002, wagen, dich zu kränken, indem er volles Rohr auf dein dickes schwarzes Auto scheißt, unbedingt Reihenfolge beachten: Zuerst schreib den Abschiedsbrief, erschieß dich erst danach!

RATGEBER
POLITIK & SOZIALES

■ DEMOKRATIE BEGREIFEN

Ossi! Zwölf (12!) lange Jahre lang hattest du nun Zeit, die Demokratie zu begreifen – und wie hast du diese Zeit genutzt?

Schauderhaft!

Wer hat sich nicht alles um dich bemüht: Allen voran unser Wolfgang Thierse, die stets rotierende Demokratiewarnleuchte. Er ist selber ein Ossi wie du und ich – und trotzdem, er hat nicht nur in Windeseile gelernt, mit Messer und Gabel zu essen, eine moderne Mischbatterie zu handhaben und alle Bundespräsidenten in richtiger Reihenfolge aufzuzählen (Achtung, Adolf Hitler gehört nicht dazu!), sondern er hat auch die Demokratie vollinhaltlich begriffen. Von ihm stammen so eindringliche Benimmregeln, wie: Demokratie ist, wenn der Dümmere recht behält, Hauptsache er tritt in Massen auf. Oder: Demokratie ist, wenn man trotzdem lacht.

Leider hast du, Ossi, die vielen schönen Umerziehungskurse mit Halbpension, bei denen DDR-Bürgerrechtler und Mitarbeiter der Gauck-Behörde und der Konrad-Adenauer-Stiftung kleine Vorträge halten, gemeinsam am Lagerfeuer gesungen (»Schwarzbraun ist die Haselnuß«) und in herrlicher deutscher Landschaft gewandert wird, nicht wahrgenommen. Angeblich mußtest du dich um deinen Lebensunterhalt kümmern. Heute stellen Meinungsforscher fest, daß nur 68 Prozent der Ossis die Demokratie für die beste aller möglichen Gesellschaften halten, Tendenz fallend. Mach nur so weiter, Ossi! Dann wird es im Westen, wo die Demokraten wohnen und unablässig neue geboren werden, bald wieder gegen notorisch Andersdenkende – Scientologen, Zeugen Jehovas, Pädophile, Sodomiten, Konsumverweigerer, Polygame und Kommunisten – heißen: Hau doch ab nach drüben!

In diesem Buch wollen wir dir nicht erklären, was Demokratie ist, sondern dir mit 7 einfachen Verhaltensregeln, die jedermann mit etwas Selbstüberwindung und Übung einhalten kann, helfen, in der Demokratie nicht dauernd unangenehm aufzufallen.

1. Demokratie ist ausschließlich ein Freizeitverhalten – wie Bungee-Springen, Bierdosen sammeln oder kleinen Mädchen auf Spielplätzen zuschauen. Auf der Arbeit hat Demokratie nichts zu suchen. Die »innerbetriebliche Demokratie«, die du aus der DDR kennst, war ja nur dazu da, die Proleten bei guter Laune zu halten. Das hat heutzutage kein Unternehmer mehr nötig.

2. Als Arbeitsloser hast du die meisten Gelegenheiten, Demokratie auszuüben. Du kannst dich z. B. mehrmals am Tag überstimmen – ob du lieber »Richterin Barbara Salesch« oder »Fliege« gucken willst, ob du dabei sitzen, liegen oder an der Lampe schaukeln willst usw. Du kannst natürlich auch ein demokratisches Ehrenamt übernehmen – Altkleider sortieren, den Park von Spritzen beräumen oder dich für die FDP im Wahlkampf mit einem gelben Pollunder auf die Straße stellen. Dann wirst du vielleicht eines Tages von unserem Herrn Bundespräsidenten empfangen – er gibt dir die Hand und flüstert dir zu: Noch so ein Idiot!

3. Die Mehrheit hat das Sagen im Staat, also die Bolschewiken. Versuche also immer zur Mehrheit zu gehören, d. h., wasche dich täglich mindestens einmal, befür-

worte die Einführung der Todesstrafe, halte die Tätigkeit des Bundespräsidenten für eine ernsthafte Beschäftigung, iß mindestens zweimal wöchentlich ein Gericht mit Kartoffeln, vertraue Carmen Nebel und Joschka Fischer, lehne gegorene mongolische Schafsmilch als Grundnahrungsmittel ab und bevorzuge, insbesondere im Alter, die Missionarsstellung.

Nur den Kapitalismus abschaffen, das kann die Mehrheit natürlich nicht. Da ist eine Minderheit von etwa 1000 Milliardären dagegen. Aber sonst ist eigentlich alles erlaubt.

4. Die Ossis sind immer in der Minderheit, und diese wird immer minderer – gewöhne dich daran.

5. Du mußt nur dann eine Fahne aus dem Fenster oder allen deinen Fenstern hängen, wenn das durch das zuständige Ordnungsamt angeordnet ist. Die Fahne, die jetzt gültig ist, hat keinerlei Emblem in der Mitte! Bitte sage das auch deinen Familienangehörigen. Nicht versehentlich Bettlaken aus den Fenstern hängen – der Pole und der Albaner warten nur darauf!

6. Bei Wahlen gibt es einen Schlitz in einer sogenannten Urne. In diese sollst du deine Stimme versenken. In den Schlitz soll man keine Werbeprospekte, alte Pflaster oder Kaugummi schieben, und in der Wahlkabine muß man sich nicht oben freimachen. Das Wahllokal betritt man, indem man die Tageszeit entbietet – »Wessis raus« ist als Grußformel absolut ungebräuchlich. Im Wahllokal soll man nicht essen und keine sexuellen Handlungen an Wahlhelfern ausführen. Mehr mußt du eigentlich nicht wissen. Bitte gehe häufig zur Wahl (an jedem Wahltag

aber nur einmal!), damit alles so bleibt, wie es ist. Haustiere haben kein Wahlrecht, weder aktiv noch passiv. Obwohl auch Ochsen Kanzler werden können.

7. Ohne öffentliche Meinung kann Demokratie nicht funktionieren. Da wir Ossis unsere Fernsehsender allesamt freudig in die Hände der Wessis gegeben haben, ist es sehr wichtig, daß wir die Wessis bei ihrer Meinung unterstützen. Zahle also regelmäßig deine Rundfunkgebühren, insbesondere für den MDR – nur wer Rundfunkgebühren zahlt, würde auch ohne zu murren in den Krieg ziehen. Und kaufe ab und zu mal ein Druckerzeugnis, das den Westlern viel bedeutet – den SPIEGEL, oder DIE ZEIT. Mit diesen kleinen materiellen Opfern kannst du dem Westler etwas von der Liebe zurückgeben, mit der er dich, Ossi, nun schon seit einem Dutzend Jahre verfolgt.

■ EX-OSSIS UND OSSIS UNTER OSSIS

Sie haben es als Ossi geschafft? Sie sind – trotz oder gerade wegen eines dunklen Flecks auf Ihrer sozialistischen Weste – Abteilungsleiter Parfümerie in einem renommierten Kaufhaus Bad Dürkheims geworden? Sie sind ins Casting der Filmproduktion für Pumuckel II aufgerückt? Oder bis in den Sprechersessel einer bundesweiten Öko-Partei?

Oder haben Sie es gar in der alten Heimat vertikal gepackt und sind nun Geschäftsführer eines florierenden Website-Pools, eines Solariums mit Swingerclub oder der freundliche Herr Kaiser von der Brandenburg-Alzheimer?

Kurz:
Sind Sie endlich ein Ex-Ossi in Hirn und Außenhaut?

Gratulation!

Sie agieren gewandt bei Geschäftsessen, stilsicher im Schriftverkehr mit oberen Etagen, megacool auf Segeltörns in der Karibik, eloquent im Small Talk (siehe dort) mit Promis.

Sie haben die Wende vollzogen!

Aber dennoch können Sie als Ex-Ossi oder seßhafter Ossi immer wieder in Situationen geraten, die Sie ins Schleudern bringen! Beugen Sie vor!

Fallbeispiel 1:
Der erfolgreiche Ex-Ossi unter Alt-Ossis

Falko Niedlich* (38) ist Journalist und gleich nach der Wende als zorniger Jung-Reporter der »Kyritzer Volksstimme« wegen seines Features »Wandlitz war überall« für den Medienpreis Goldener Axel Cäsar nominiert gewesen. Er bekam ihn nicht, aber statt dessen einen Redakteursposten beim Saarländischen Rundfunk. Seit einem Jahrdutzend wohnt er mit seiner Frau Heike und seinen Kids Hank und Hanka in einem Reihenhaus bei Saarbrücken. Falko Niedlich erhielt nun aus Kyritz eine Einladung zum Klassentreffen seiner ehemaligen 12 b der EOS »Jekaterina Furzewa«. Herr Niedlich nahm diese Herausforderung seines ehemaligen FDJ-Sekretärs Böhlke-Sven mutig an.

TV-Producer Falko Niedlich legte in Vorbereitung des Treffens noch einmal das Video des erfolglosen SR-TV-Mehrteilers »Klein-Kleckern – die andere Heimat« auf und tauschte bei einem Report über die Suppenküche von Saarlouis mit einem Dresdener auf Trebe sein nagelneues Armanisakko gegen dessen 87er Freizeithose (Ost) sowie JuMo-Windjacke ein. Dann klaubte er aus seinem Gedächtnis Vokabeln im Heimatklang – wie »jetze«, »urst«, »Pumpe« und »Kumpel« hervor, trainierte seinen Carpaccio-Dünndarm auf Soljanka, drückte sich das alte Jungpionierlied »Mein Bruder ist Soldat« drauf, borgte sich bei seiner Praktikantin deren verbeulten Cinquecento und düste Richtung Prignitz los.

Falko Niedlich meinte es gut, zu gut. Das Fiasko war vorprogrammiert.

---

* *Name vom Autor geändert*

Denn: Falko Niedlich verstieß massiv gegen Erwartungshaltungen seiner ehemaligen Klassenkameraden und verhielt sich anbiedernd.

Merke: Ossis reagieren allergisch auf Anpassung aus dem Westen!

Tips für Trips: Hau auf die Kacke! Rent a car! Vom 7er BMW bis zum Bentley ist alles erlaubt. Rent a girl! Von Jennie Twelvers bis zur Freifrau von Turm und Taxus ist alles im grünen Bereich.

Üben Sie 3x täglich vor der Reise in den Osten laut und deutlich vor dem Spiegel: »Mein Penthouse! Mein Pool! Mein Reitpferd! Meine Zahnimplantate! (für weibliche Ex-Ossis: Meine Brustimplantate!) Mein Aktienfonds! Mein Flat screen!«

Setzen Sie dabei eine historische Siegermiene auf!

Fallbeispiel 2:
Der erfolgreiche Ossi unter Alt-Ossis

Der toughe »Jungunternehmer« Ing. Böhlke-Sven* (39), Tief- und Wegebau GmbH Kyritz, Ex-FDJ-Sekretär der o. g. 12 b, organisierte das erwähnte Klassentreffen.

Böhlke leitet ein Unternehmen mit zwei leibeigenen Angestellten (Mutter und Neffe), vier ABM-Kräften, einem 322-Euro-Vorruheständler, zwei zu gemeinnütziger Arbeit verknackten Neo-Nazis, je zwei rumänischen und britischen Schwarzarbeitern und einem Jahresumsatz von 400 000. Das ererbte Haus am Vater Rhin baute er zum florierenden Pferdehof mit Spielbank aus.

Sven Böhlke erschien zum Kyritzer Klassentreffen in lediglich überm Bauch spannendem Gucci-Look und geflochtenen italienischen Mokassins, fuhr mit dem Daimler vor, zeigte seine extrem-bullimistische LAG (Lebensabschnittsgefährtin) Gina-Marie herum, die soeben eine Folge von GZSZ als Statistin abgedreht hatte, spendete zwei Faß Kyritzer Hell und drei Kisten Champagner, lobte Demokratie, individuelle Freiheit sowie Hertha BSC und steckte aus später Nächstenliebe seinem ehemaligen Banknachbarn Christian, dem arbeitslosen Theologen und Sohn von Pfarrer Hinkel, öffentlich einen halben Tausender zu.

Obwohl Bierfässer und Champagner bis auf den letzten Tropfen geleert wurden, stieß der wohlmeinende Spender wie schon zu Schulzeiten auf geballte Ablehnung.

---

* *Name vom Autor geändert*

Denn: Sven Böhlke verhielt sich exakt getreu den Erwartungshaltungen seiner ehemaligen Klassenkameraden.

Merke: Ossis reagieren allergisch auf Anpassung aus dem Osten!

Tips für Grips: Bleiben Sie kollektiv!

Werfen Sie auch als erfolgreicher Ossi Ihren Trabbi nicht in die Presse. Erinnern Sie sich, daß sie darin neun Rollen gestohlene Dachpappe transportierten.

Bleiben Sie auch als Kleinunternehmer ihrem alten NVA-Trainingsanzug treu!

Nutzen Sie Gelegenheiten, Ossi-Gewohnheiten zu trainieren.

Pflegen Sie den Sprachschatz der Ossis! Sie treffen auf typische Ur-Ossis und Testsituationen zum Beispiel in lokalen Behörden hinter den Schreibtischen, in Frauenzentren, ABM-Projekten, bei Eulenspiegel-Lesungen, auf den Gängen von Arbeits- oder Sozialamt, im Ballermann auf Mallorca (Vorsicht, auch Wessis!), in der Gauck-Behörde und der DVU.

Wiederholen Sie 3x täglich vor dem Spiegel: »Es war nicht alles schlecht!«, »Mir hat niemand was getan!«, »Dafür sind wir '89 nicht auf die Straße gegangen!«

Vergessen Sie nichts, und setzen Sie dabei eine historische Siegermiene auf!

■ UNEINGESCHRÄNKTE SOLIDARITÄT RICHTIG ÜBEN

Eine Selbstkritik

Ich muß es bekennen: Über ein Jahrzehnt lang war ich falsch angekommen in unserm neuen Deutschland. Denn ich habe sie vermißt: die ehernen Wahrheiten meiner Jugend!

Seit aber unser, also der amerikanische, Präsident gesagt hat, wer nicht für ihn, also uns sei, sei gegen uns, also gegen ihn, bin ich wieder bei mir. Bei mir angekommen.

Wir sind jetzt alle Amerikaner, so wie wir früher auf ewig mit der Sowjetunion verbunden waren. Selbst wenn feige Defätisten damals unter diese Losung geschrieben hatten: Aber keinen Tag länger!

Die schönen alten Rituale – ich darf sie wieder üben! Wollte man in der DDR etwas »ausdiskutieren«, wie man früher sagte, mußte man zunächst feststellen, daß man für den Frieden sei. An der Seite der Sowjetunion.

Jetzt versichert man zunächst, daß man jeglichen Terrorismus in jeder islamischen Form ablehne, die unschuldigen Opfer zutiefst bedaure – hernach mag man versuchen, auszudrücken, daß die Gewalt im Nahen Osten, Nordirland, Ruanda wohl auch ein bißchen schlimm sei. Zugleich muß man versichern, daß New Yorker Opfer eine neue Qualität seien. Schließlich läge New York in der zivilisierten Welt.

Doch schon so lange Ausführungen machen verdächtig. Was steckt dahinter?, fragen sich die neuen Klarsichtigen, ganz wie früher die Vorhut-Denker der Arbeiterklasse. Es kommt doch jetzt, in dieser hochbrisanten Situation, nur auf eines an: Die Sowjetunion zu verteidigen ... Quatsch, ich meine Amerika den Rücken zu stärken. Die größte Errungenschaft der Menschheit, die Vereinigten Staaten von Amerika, sind der Prüfstein. Wer jetzt nicht ohne Wenn und Aber bekennt, dem steckt die Grundtorheit der Epoche, der Antiamerikanismus, noch in den Kinderschuhen.

Deshalb bin ich erst jetzt angekommen. Im Hier und Heute. Früher gab's auch immer eine ganz neue, existentielle Situation – als NATO-Raketen stationiert werden sollten zum Beispiel. Wer da versuchte, objektivistisch zu schwafeln – der wurde »knieweich«! Heute heißt das »feiges Denken«.

Die feigen Denker von heute sind die Knieweichen von damals. Und wer knieweich ist und feige denkt, der ist gegen uns. Und wer gegen uns ist, ist gegen den Frieden, die Demokratie, die Zivilisation – also für Terror, unschuldige Tote, der ist letztlich – ja diese Konsequenz muß man eben mitdenken, Genossen ... Quatsch: Demokraten –, also der ist dafür, daß feige Attentäter, die sich durch hinterhältigen Selbstmord der gerechten Strafe entziehen, unsere Zivilisation auslöschen.

Wer jetzt nicht voll und ganz unsere Grundwerte, unsere christlichen Grundwerte, unsere fundamentalen christlichen Grundwerte verteidigt, der muß selbst entscheiden, ob er noch auf unserer Seite steht. Gegen die Feinde des Volkes kann es nur uneingeschränkte Solidarität geben. Uns wird nichts und niemand aufhalten! Wir werden zu Felde ziehen, bis auch der letzte Knieweichling aufgespürt ist – dem wir dann den altvertrauten neuen Marsch ins Hirn blasen!

■ WIE WERDE ICH UNTERNEHMER?

Angenommen, wir haben es mit ehrlicher Arbeit lange, zu lange versucht oder gar nicht erst Arbeit bekommen. Nun überlegen wir: Banküberfall oder Unternehmer? Da fallen uns merkwürdigerweise Jürgen Schneider und Frank Steffel ein.

Also entscheiden wir uns für Unternehmer. Das hat den großen Vorteil – wir als Ossis wissen das noch von Karl Marx –, daß wir als demokratiebewußte Unternehmer weniger von unserer eignen Arbeit als vielmehr von der unbezahlten Mehrarbeit unserer Mitarbeiter leben können. Und zwar in Saus und Braus: Mercedes, Villa mit Swimmingpool, Karibik-Urlaub sind das mindeste, wollen wir uns nicht vor unserem Gewissen, den Nachbarn und der Steuerfahndung unsterblich blamieren. Wirtschaftswissenschaftler nennen das: Die Sau rauslassen.

Sind diese edlen, an Markwirtschaft, Demokratie und Sozialstaat orientierten Ziele klar, brauchen wir zunächst einmal Geld, und zwar reichlich. Dazu wiederum benötigen wir eine Geschäftsidee, also einen Vorwand, warum uns der Bankmanager Geld pumpen soll. Es ist zwar nicht sein eigenes, dennoch will er Argumente hören, zum Beispiel zehn Prozent Provision für ihn privat. Das ist eine ganze Menge, doch dafür kriegen wir nicht nur unsere erhofften 50 000, sondern gleich fünf Millionen Euro.

Rückzahlung? wiederholt der Banker unsere Frage stirnrunzelnd. Wer wird denn gleich mit dem Schlimmsten rechnen? Er hat nämlich auch ein prima Firmenkonzept für uns: Wir kaufen kleine Glaskügelchen für 1 Cent pro Stück und verkaufen sie für 10 Euro als Erlebnisperlen

und im Export als Event pearls. Wer aber soll das Zeug kaufen?

Wir besuchen also Zeitungen, Verlage, Radio und Fernsehen und verfüttern erst einmal zwei Millionen Euro an die kritisch-objektiven und unbestechlichen Medienvertreter. Gleichzeitig suchen wir uns unsere 100 Angestellten zusammen, und zwar je zu einem Drittel vom Arbeitsamt, aus der Vorbestraften-Kartei »Wirtschaftsbetrug« und vom Begleit-Service. Die cleverste Hosteß schicken wir – mit Chic, Charme und einem Schäuble-Koffer bewaffnet – zum Subventionsverantwortlichen der Regierung. Und weil es ein »unvergeßlicher Abend« war, wir hundert Arbeitsplätze schaffen und 20 000 weitere versprechen, hagelt es Steuergelder bis zum Abwinken – und öffentliche Aufträge. Denn spätestens wenn der Kanzler bei Christiansen die heilende und spaßsteigernde Wirkung unserer Erlebnisperlen hervorhebt und angesichts unserer Ossi-Herkunft das Ganze als Paradebeispiel für den Aufbau lobpreist, sind unsere Auftragsbücher gefüllt bis zum jüngsten Tag. Bescheiden genehmigen wir uns ein durchaus übliches Jahresgehalt von 10 Millionen Euro. Das machen wir fünf Jahre, dann verkaufen wir unser Unternehmen, lassen unser Vermögen von Helmut Kohl, Walther Leisler Kiep und Franz Müntefering verwalten, beobachten in Ruhe die Konjunktur und basteln an einem neuen Unternehmenskonzept: Denn schließlich ist es der Unternehmer, dem wir alle unseren gewaltigen Wohlstand zu verdanken haben.

■ DAS LEBEN KANN SO LEICHT SEIN

… wenn man es mit den Westlern teilen darf. Karl, mein arbeitsloser Nachbar, ist seit Tagen wie verwandelt. Gestern stand der auf dem Treppenabsatz und machte immerzu: »Summ, summ, summ.«

»Tja, mein lieber, der Körper muß schwingen, und zwar aus dem Zentrum heraus«, erklärte er mir und schlug sich auf die Bierwanne, »sonst ist man nur ein traurig taumelndes Äon im Universum.«

»Und was bist du jetzt?« fragte ich ihn.

»Wenn ich schwinge, teile ich meine Lebensenergien den Abermilliarden anderen Menschen mit, und die fangen auch an zu schwingen. Wenn dann alle summ, summ, summ machen, gibt es keinen Haß und keine Kriege mehr und keinen Bundesfinanzausgleich und keine Ökosteuer. Summ, summ, summ«, machte er, und ich hatte ihn in Verdacht, daß er es mit seinen Schwingungen auf Frau Schmitt aus dem vierten Stock abgesehen hatte, mit der er immer so gern Fahrstuhl fährt.

Das Arbeitsamt hat dem Karl nämlich zwar keine Arbeit, aber einen Selbsterfahrungskurs beschafft. Dort hat er gelernt, sein Ich anzunehmen, so wie es ist. Wenn seine Frau mit ihm zetert, daß er betrunken ist, sagt er jetzt immer: »Das habe ich an mir akzeptiert.«

Der Kurs hat das sympathische Ziel, die Ungerechtigkeit auf Erden abzuschaffen. Natürlich nicht gleich beim ersten Seminar – aber spätestens bis zur Sommerpause soll es geschafft sein. Zu diesem Zweck fassen glühende Sozialarbeiterinnen den Karl bei den Händen, und er soll gleich mal sagen, was das für ein Gefühl ist.

Wahrheitsgemäß äußerte er, daß er sich ziemlich dämlich dabei vorkomme, ein bißchen wie DFD beim

Adventssingen, ein bißchen wie Kampfgruppe, wenn sie sich zur Schützenkette entfaltet. Daraufhin steht die ganze Patientengruppe auf und applaudiert dem Karl – wegen seiner Ehrlichkeit.

»Laß es raus, Karl, laß es raus«, quiekt eine Sozialtussi aus Bielefeld. Karl hat keine Ahnung, was mit »es« gemeint ist und läßt vorsichtshalber erst mal gar nichts raus.

Dann legen sich alle bäuchlings auf den Boden und lauschen dem Dauerrauschen der Atmosphäre. Karl kommt neben der Sozialhilfeempfängerin Gudrun nieder, die nach eigenen Angaben im SED-Staat ihr Ich verloren hat – irgendwo auf der landwirtschaftlichen Nutzfläche zwischen Brieselang und Nauen, die sie einstmals mit dem Traktor befuhr. Je einsilbiger die Atmosphäre rauscht, desto heftiger atmet Gudrun dem Karl ins Ohr. Hinterher behauptet sie, sie hätte nach langer Zeit mal wieder was gespürt. »Ich nicht«, sagt Karl. Und so war auch das erklärt.

Nach dem Mittagessen läßt die Seminarleitung die Körper der Ichsucher übereinanderrollen. Damit man lernt, mit fremder Last zu leben. Gudrun revanchiert sich und sagt zu Karl, der oben liegt, »fettes Schwein«, und wechselt den Partner. Und jetzt kommt der Höhepunkt, wenn man paarweise die Fußsohlen aneinanderlegt – die bloßen Sohlen von barfüßigen Füßen –, um somit die eigenen Nervenenden mit denen des Partners zu verknoten und in dessen Ich fühlen zu üben. Seitdem quält Karl die Sorge, daß er dem netten Westberliner Philosophiestudenten seinen Fußpilz aufgehalst hat. Er selber aber liest jetzt jeden Abend im Bett neben der BILD-Zeitung auch ein paar Seiten Nietzsche.

Zum Schluß gehen alle mit einem besinnlichen »summ, summ, summ« auseinander – und wenn ihr ganz brav still seid, könnt ihr ihr Summen sogar hören.

■ DIE ARBEIT MACHT DEN MENSCHEN ZUM AFFEN

Ein Umschüleraufsatz

In der Einleitung möchte ich feststellen, daß unsere Motivationstrainer ein herzliches Dankeschön verdient haben. Ein dreifaches Cheers dafür, daß sie uns zum festen Kollektivteam formten.

Nun möchte ich zum Hauptteil kommen, in welchem zunächst der Beginn in mein Augenmerk fallen soll. Hierzu kann ich feststellen, daß wir es überwunden haben »auf Arbeit« zu gehen. Dies ist eine zutiefst gestrige Ausdrucksweise. Einstmals gingen wir nämlich »auf Arbeit«, welches wir heute vor allem deshalb nicht mehr sagen, weil uns dann kein wirklich leistungsbereites Unternehmen einstellen würde. Wenn wir verlangen »auf Arbeit« gehen zu wollen, hieße das, nicht wirklich »schaffen« zu können, wie wir es jetzt sollen müssen.

KURT BURDENSKI —
DIE LEBENDE WASSERWAAGE
AUS ANNABERG - BUCHHOLZ

Wir gehen in die Firma oder ins Büro oder auch zum Unternehmen. Dies möchte ich bei diesem Unterpunkt als stolzes Ergebnis feststellen. Nach Absolvierung unseres vom Arbeitsamt geförderten Umschulungskurses wäre es aber am besten, ein nunmehr an dieser Stelle folgendes Resultat zu verwirklichen: Wir gliedern uns aus.

Wir bringen uns in die Gesellschaft ein, indem wir uns ausgliedern. Wir brauchen uns nur aus einem anderen Unternehmen auszugliedern und unser eigener Unternehmer zu werden. Denn die Arbeit als solche ist fremdbestimmt, während, wie unser Chef-Motivationstrainer auf dem Umschülerkurs, der, wie ich durchaus betonen möchte, großzügig von der Bundesanstalt für Arbeit gefördert wurde, feststellte, die eigene Arbeit im eigenen Unternehmen leistungssteigernd, mobilitätsorientiert und von großem Spasss ist. Spasss bei der Arbeit ist wichtig, doch denselben kann man nur haben, wenn man auf die eigene Kappe wirtschaftet.

Früher haben wir uns auf Arbeit zum Affen gemacht, indem wir der dicken Hanna, während sie vor sich hindöste, die Schürzenbändel in den Schraubstock klemmten. Auch haben wir Material, welches es im Mangelsozialismus nicht gab, verplempert. Nach der marktgerechten Abwicklung unseres schrottreifen Betriebes erhielten wir großzügig vom Arbeitsamt geförderte Beschäftigung, indem wir die Maschinen demontierten, wie damals bei den Russen, und nach Gelsenkirchen verfrachteten, woselbst sie jetzt überaus gute Dienste leisten und von Türken bedient werden.

Wenn wir dann nach erfolgreicher Bewertung dieses meines Aufsatzes, in welchem ich nunmehr den Schlußteil eingeleitet habe, alle zu Floristen umgeschult worden sind und jeder seine eigene Firma aufmacht, machen wir uns für die Arbeit nicht mehr zum Affen, sondern zum Unternehmer. Zum ausgegliederten Unternehmer. Mit Eigenkapital, welches uns im Moment das Arbeitsamt noch nicht zur Verfügung stellen kann, kurbeln wir zunächst den Absatz ganz blümerant an. Dann wird der Umsatz größer, und zum Schluß rollt alles wie beim Bürsten- und Blumenbinder, wie unser Chef-Motivationstrainer verriet. Für diesen guten Tip möchte ich mich abschließend nochmals bei ihm und seinen Teamkollegen bedanken.

■ VON NACHRICHTEN EINST UND HEUTE

Zur freundlichen Beachtung

Viele Jahre nach der ostdeutschen Befreiung stießen westdeutsche Medienforscher auf die verblüffende Erkenntnis: Die Implikationen einer systemimmanenten Rezeptionsweise blockieren die interaktive Massenkommunikation, da divergierende Einwirkungen zumeist negativ sanktioniert werden.

Grob übersetzt: Die Ossis lesen anders und kaufen wenig Westblätter.

Da man aber bei einem Bevölkerungsanteil von 5 : 1 unmöglich verlangen kann, daß die Wessis anders schreiben, muß man dafür sorgen, daß die Ossis endlich anders lesen. Nehmen wir als Beispiel die Nachrichten:

Westnachrichten bestehen meist aus einem Satz, der mehr Fragen aufwirft als beantwortet. Das regt das Denken an.
Ostnachrichten hatten überwiegend zehn Sätze, schon, um die Funktionen der beteiligten Personen aufzuzählen. Das förderte den wertvollen Tiefschlaf.

Westnachrichten melden, was viele wissen wollen, Ostnachrichten dagegen, was die Leute wissen sollten. Den einen geht es um den Sog der Sensation. Den anderen ging es fast immer um den Sieg des Sozialismus. Mit dem sensationellen Zusammenbruch des Sozialismus ist das vorbei.

Westnachrichten werden – vor allem bei den privaten Fernsehsendern – oft im neckischen Wechselspiel von

Pärchen mit freiem Blick in die Kamera vorgetragen. Ostnachrichten wurden in betonter Sachlichkeit vom Blatt abgelesen. Was wohl hinlänglich beweist, daß dort alles vorgeschrieben wurde.

Westnachrichten eignen sich selten zum »Danach-richten«, weil auf Gerüchte bald das Dementi folgt. Ostnachrichten verlangten das »Nach-richten«, auch wenn die staatliche Plankommission mitteilte, daß 2 x 2 künftig 6 ist. Das wirkte beruhigend.

Westnachrichten sind zu speziellen Teilen Börsennachrichten. Das ist eine Bringepflicht gegenüber den Teilhabern. Ostnachrichten hatten einen noch höheren Anteil an Planzahlen wegen der noch höheren Zahl der Teilhaber am Volkseigentum.
   Da im Unterschied zu den Börsennachrichten die Teilhabe nie auf das persönliche Konto durchschlug, wurden die Planzahlen als lästig empfunden. Seither ist der furztrockene Fünfjahrplan durch das amüsante Tageshoroskop ersetzt. Freut Euch!

Westmedien folgen in der Auswahl gerne den sechs großen »B« – Bomben, Busen, Beine, Babys, Business, Banditen. Ostnachrichten folgten meist den sechs großen »W« – wer, was, wann, wo, wie, warum? Es ist keine Frage, was schneller zu Kopfschmerzen führt. Und wer will die schon?

Da die Ostmedien angehalten waren, zu zeigen, wie aus drei Punkten eine Linie wird, damit man beim Draufgucken das Durchblicken lernt, haben sie letztendlich das Volk auch befähigt, einen gewaltlosen Umsturz herbeizuführen. Jeder, der die Mühen der Übergangsperioden kennt, wird den Westmedien dankbar sein, wenn sie statt der Hinlenkung die Ablenkung von den wichtigsten Dingen des Lebens betreiben.

Vertrauen Sie BILD und dem Bildschirm, und Sie sind nie im Bilde!
    Aber: Unbildung schützt vor Strafe nicht!

»In der DDR brauchte man früher drei Antragsformulare – damit ist nun zum Glück Schluß. Jetzt brauchen Sie vier!«

■ PARTEI, PARTEI,
WER WOLLTE SIE NICHT NEHMEN ...

In der Marktwirtschaft besteht die hemmungslose Aufopferung für das Gemeinwohl darin, daß jeder zuerst an sich selbst denkt. Trotzdem ist es nicht jedermanns Ziel, steinreich werden. Vielen reicht auch eine steinreiche Einheirat oder eine Karriere als Oskargewinner, Nobelpreisträger oder als Politiker.

Es gibt zig gute Gründe, seine Pflicht als Staatsbürger in einer Partei wahrzunehmen:

Wollen wir einen Job? Einen geschenkten Hochschulabschluß? Eine Subvention oder staatliche Aufträge? Eine Baugenehmigung? Oder einfach nur auf Steuerzahlers Kosten umsonst verreisen oder eine Traumvilla bewohnen?

Mit Fortschreiten des Kapitalismus in sein höchstes und allerletztes Stadium, die fehlerfreie, paradiesische Marktwirtschaft, gleichen die Parteien einander bis zur Ununterscheidbarkeit.

Für eine Parteikarriere ist die Wahl der Partei im Prinzip wurscht, entscheidend dagegen das richtige Vorgehen, und das beginnt beim Eintritt.

In einer Partei ist es wie in einem Betrieb oder einem Sportverein. Einerseits freut man sich, daß man einer mehr ist. Andrerseits können die anderen aber keinen Karrieristen brauchen, der ihnen womöglich attraktive Pöstchen streitig macht. Will z. B. jemand aus unserer Ortsgruppe Finanzstadtrat werden, sollten wir nicht damit herumprahlen, wir hätten unsere Doktorarbeit über den Gemeindefinanzausgleich geschrieben. Es sei denn – und hier kommen wir zum Punkt Gruppendynamik –, es sei denn, die anderen können den Kerl ebenfalls

nicht ausstehen. Überhaupt kommt es darauf an, die anderen solidarisch gegeneinander auszuspielen. Aber Vorsicht: Es soll 0,5 bis 1 Prozent Parteimitglieder geben, die unbestechliche Idealisten sind. Um die ist ein großer Bogen zu machen.

Doch wichtiger als das Rumwursteln auf unterer Ebene ist die Mitgliedschaft in einer Seilschaft. Wenn in der DDR auch vieles besser war: Die Seilschaften waren es nicht. Ob »System Kohl«, »Amigos« oder »Kölscher Klüngel«: Wer hier nicht dabei ist, hat keine Chance. Wer aber dabei ist, braucht weder Hirn noch Herz oder Eifer, sondern lediglich das Gespür, wann man sich bestechen lassen oder bereichern darf und wann es zu gefährlich ist.

Aber auch innerhalb dieser Systeme tobt der gesunde Konkurrenzkampf. Daher brauchen wir Kontakte so weit nach oben wie möglich. Dafür müssen wir den Leuten ganz oben natürlich etwas bieten. Geld? Das können ParteiführerInnen immer gebrauchen, aber wir haben noch Besseres. Zum Beispiel: Wie ist die Stimmung an der Basis? Wer schmiedet Intrigen? Wer hat einen dunklen Punkt (Drogen, Steuerbetrug), mit dem er bei Bedarf erpreßbar wäre? Wer steht fest an der Seite der Führung? All dies interessiert da oben brennend, und man wird sich erkenntlich zeigen.

Es muß ja nicht gleich ein Ministerposten sein.

■ DER OSSI UND SEIN GEDÄCHTNIS

Das Anti-Alzheimer-Syndrom

Leiden auch Sie noch immer unter einem guten Gedächtnis?

Fallen Ihnen ständig Postleitzahlen ein, die längst nicht mehr gelten? Oder Namen von Politikern, die nur ganz kurz im Amt waren? Klingen Ihnen noch immer Politiker-Versprechen in den Ohren, die längst gebrochen wurden?

Das ist zunächst noch nicht weiter beunruhigend. Immerhin wurden Sie von klein auf darauf getrimmt, sich alles Mögliche und Unmögliche zu merken. Richtige und gefälschte Geschichtsdaten, das kleine und das große Einmaleins, das ganze – von A bis Z erlogene – Alphabet usw.

Irgendwann merken Sie, daß Sie nicht mehr lernfähig sind, weil Sie nichts Neues mehr aufnehmen können. Vergessen Sie, was wahr war! Denken Sie an Ihre Zukunft!!!

Trainieren Sie Ihr Gedächtnis stufenweise. Ab!!!

Schritt für Schritt sollten Sie bestimmte Dinge aus Ihrem Gedächtnis streichen. Zunächst mit dem Fine-Liner. Später mit dickem Filzstift.

Testen Sie Ihr Verdrängungsvermögen! Wir helfen Ihnen dabei.

Übung 1
Prägen Sie sich die folgenden Begriffe fest ein: Filz, Korruption, Mafia, Waffenhandel, parlamentarische Demokratie, freiheitlich-demokratische Grundordnung.
Haben Sie's? Gut. Und jetzt vergessen Sie alles.

Zählen Sie langsam bis drei, und versuchen Sie sich dann daran zu erinnern, was Sie aus Ihrem Gedächtnis streichen wollten. (Leute, die nicht bis drei zählen können, zählen ganz langsam dreimal bis eins.) Wiederholen Sie diese Übung solange, bis Ihnen nur noch Demokratie und/oder Grundordnung einfällt.

Übung 2
Stellen Sie sich folgende Dinge bildlich vor: grüner Pfeil, giftgrüner Punkt, rosarote Brille, rote Socke, schwarzer Peter, weiße Weste, Ampelkoalition.
Vertauschen Sie nun in Gedanken Farben und Formen.
Ihr Gedächtnis funktioniert zufriedenstellend, wenn Sie beispielsweise folgende Kombination erhalten: roter Peter, giftgrüne Socke, schwarzer Punkt, rosaroter Pfeil, weiße Brille, Große Koalition.

Übung 3
Diese Übung soll Ihr Zahlengedächtnis abtrainieren. Erinnern Sie sich zunächst an die extrem verschiedenen Vorschläge zur Finanzierung unseres Sozialsystems:
2 unbezahlte Karenztage oder 3,5 Urlaubstage weniger; 80% Lohn an den 10 bundesweiten Feiertagen oder 5 Feiertage ohne jede Feier; 1 Jahr später in Rente oder 52 Wochenenden ohne Lohnausgleich; 0-Diäten oder 1a-Lohnverzicht. Haben Sie alles behalten? Prima.
Zählen Sie jetzt von 365 rückwärts in beliebigen ganzzahligen Schritten bis 3. Fertig?
Und nun nennen Sie, ohne lange nachzudenken, Ihre Steuernummer!
Vergessen!??! Gratulation!! Sie sind ein absoluter Schnellmerker!!!
Wiederholen Sie diese Übungen dreimal täglich. Ver-

gessen Sie, um zu überleben. Wie die Politiker, die unmittelbar nach einer verheerenden Wahlschlappe glauben, die Wahl gewonnen zu haben.

Sollten Sie Ihr Gedächtnis jedoch weiterhin mit unnützen Fakten und Tatsachenbehauptungen belasten oder gar versuchen, Zusammenhänge herzustellen, landen Sie früher oder später in der Klapsmühle.

Denn Sie werden sich eines Tages selbst vergessen.

IN EINEM OSTDEUTSCHEN MAL- UND ZEICHENKURS:

■ NEUE IDOLE BRAUCHT DAS LAND

Wie die Saubohne eine Kletterstange zum Hochranken braucht, so braucht auch der Mensch für seine Entwicklung einen Halt. Egal, ob es die Fahnenstange seines Vereins, ein Wandbild oder der Sockel eines Denkmals ist, zu dem man aufblickt.

Die Ossis waren mit derlei hinreichend versorgt. Da gab es die drei staatlichen Leitbilder für das Berufsleben: Marx, Engels und Lenin. Deren Bücherstapel galten als Treppenstufen in die lichte Zukunft. Aber alle drei gibt es nur noch antiquarisch.
Dann gab es drei private Idole für die Hauswirtschaft: den Bäcker, den Klempner und den Automechaniker. Aber Backwaren hat heute jede Tankstelle. Die Klempner machen Kurzarbeit. Die Autofritzen rennen uns mit ihren Billigangeboten hinterher.
Schließlich gab es für das gesellige Beisammensein der Hausgemeinschaften noch drei Ikonen der Lustbarkeit: Eberhard Cohrs, Lutz Jahoda und Frank Schöbel. Aber wo gibt es noch feiernde Hausgemeinschaften?

So entstand also unter den Hirnschalen der Ossis ein mächtig-gewaltiges Vakuum.
Jeder sieht, wohin das führt: Der Sittenverfall ist unaufhaltsam! Schüler jagen ihre Lehrer. Unternehmer liefern Pleitenrekorde. Investoren werden vergrault. Bankiers gehen bankrott. Die Hälfte aller Erwachsenen dreht Däumchen. Die Alten rotten sich zu Kaffeefahrten zusammen. Die Jungen rennen als Lohndrücker in den Westen. So geht das nicht weiter!
Natürlich hat der Westen im Rahmen seiner uneigen-

nützigen Entwicklungshilfe alles getan, um seine erprobten Leitbilder nach Ostdeutschland zu exportieren: der jeweilige Präsident der USA, der Kanzler der Einheit, die Bosse des business, die Promis auf allen Empfängen.

Aber da mosern die Ossis nun rum, daß die US-Präsidenten mit dem Colt auf dem Tisch regieren. Daß der Altkanzler Dreck am Stecken hat. Daß Mannesmann von Vodafone gefressen wurde. Holzmann hat kein Holz mehr. Schumi fährt das falsche Auto. Becker läßt sich melken. Die Feldbusch rührt Marmelade in den Spinat. Das hätte Frida Hockauf nie gemacht! Das sind keine Idole!

Wie aber soll nun der Ossi nach der materiellen und geistigen Enteignung zu neuen Idealen und Vorbildern finden? Natürlich sollten das Wessis sein, damit sie die westliche Mehrheit akzeptiert. Und damit die Steuerfahndung sie nicht demontieren kann, sollten sie schon lange tot sein. Aber vielleicht ist die Lösung ganz einfach?

Die Werbung für Vitaminbonbons ruft uns zu: »Nimm zwei!« Und tatsächlich reichen ja zwei leuchtende Vorbilder:

Für die Wirtschaftsweise die Vaterfigur eines tüchtigen Unternehmers, der eine Fabrik geerbt hat, der die Produktpalette und den Export ausbaute. Der mit dem Kapital zu wirtschaften wußte. Der aber auch ein soziales Gewissen hatte.

Da gab es doch mal in der Gegend von Wuppertal einen Textilfabrikanten namens Friedrich Engels, oder so ähnlich.

Und für die moderne Lebensweise bräuchte man eine Art sympathischen Plaboy, der Wein, Weib und Gesang liebte, der eine Ballkönigin entführt haben kann, der nie Geld hatte, aber ganz genau wußte, wie man Kapital macht. Der sollte als Rächer der Armen so populär sein wie Robin Hood oder Klaus Störtebecker.

Da gab es doch in Trier einen Advokaten Namens Karl Marx, oder so ähnlich.

Diese beiden wären für die Wessis bekannte Landsleute. Sie würden die Ossis, wie gewohnt, zu unbezahlten Sonderschichten anfeuern. Sie könnten dem Kanzler an der Ostfront ein flächendeckendes Spalier mit vertrauten Winkelementen sichern. Und wenn dann einige Ossis trotzig singen: »Ich will so bleiben, wie ich bin!«, dann brauchte ihnen der Kanzler nur noch zurufen: »Du darfst!« Und schon wäre wieder Ordnung im Land.

■ FÜR DAS GUTE! WIDER DAS BÖSE!

Die Wirklichkeit, behauptet ein berühmter deutscher Vulgärphilosoph, stellt sich häufig ganz anders dar als die Realität. Das ist wahrer, als es klingt. Nehmen wir die Namen unserer Mitbürgerinnen und Mitbürger. Der eine heißt Klein, ist aber zwei Meter groß. Der andere heißt Groß, ist aber noch kleiner als Icke Häßler. Der Dritte heißt Weber, ist aber ein Spinner. Manches ist nicht so, wie es zu sein scheint und das meiste nicht so, wie wir es gerne hätten.

Im Radio höre ich nur noch die Werbung, weiter gar nichts.

Im Fernsehen kucke ich nur noch die Volksmusiksendungen.

Meine Zeitung hab ich abbestellt, und zwar aus gutem Grund.

Das deutsche Volk ist, wie wir wissen, eines der bestinformierten Völker der Welt.

Es erfährt alles.

Was die Zeitung bringt.

Und die Zeitung bringt alles. Lustvoll verbreitet sie jeden Morgen ihre amüsanten Schreckensmeldungen: Killer-Hai holt Surfer vom Brett. Fünfzehn Millionen Deutsche leiden an Krampfadern. Arbeiter stirbt während der Reparatur eines Großwäschetrockners im Zwanzig-Minuten-Trockengang bei fünfunddreißig Grad Celsius. Terroristen morden mit fahrbarer Guillotine. Serbien greift die NATO an / Miloschewitsch bombardiert Berlin. Lebensmüder Erwerbsloser legt sich die Schlinge um den Hals, schlitzt sich nach Einnahme von Zyankali die Pulsadern auf, übergießt sich flächendeckend mit Super bleifrei und erschießt sich, in Flammen aufgehend, mittels Leuchtspurmunition, und die Presse nennt diesen Vorgang bereitwillig Selbstmord, obwohl doch das schöne Wort Suizid entschieden weniger letal klänge, eher humanitär wie Aronal oder Elmex oder ein Mittel gegen Husten und Heiserkeit.

Ja, wo leben wir denn!

Ist unsere Welt denn wirklich so schlecht?

Oder entsteht dieser Eindruck etwa durch unausgewogene Berichterstattung?

Lechzen wir nicht vielmehr nach News wie den folgenden: Hildburghausen/Thür. Nach dem Einbruch in einen Kindergarten sicherte die Polizei am Tatort zwei Zettel. Wir sind obdachlos und haben Hunger, stand auf dem ersten; auf dem zweiten Zettel entschuldigten sich die Täter in schöner Schrift und aller Form für ihre Untat. Die Unterschriften waren unleserlich.

Wie oft müssen wir von Spekulantengier lesen, und wie selten lesen wir von Bescheidenheit und maßvoller Zurückhaltung der Immobilienbranche:

Mond bleibt Allgemeingut

Der Mond gehört niemandem und darf bis auf weiteres weder vermakelt noch verkauft werden …

Das ist eine positive Nachricht von der Art, wie wir sie brauchen, und wir brauchen positive Nachrichten wie die Luft zum Atmen. Keine Gewalt! Liebe deinen Nächsten, aber steck dich nicht an! Küßt die Wessis, wo ihr sie trefft!

Nennen wir Korruption doch einfach Politsponsoring! Unterschlagung und Steuerhinterziehung sind Unregelmäßigkeiten. Bestechlichkeit ist Belohnungsannahme. Soldaten sind keine Mörder, und der Einbrecher ist, positiv gedacht, ein Experte für die Umwidmung von Eigentumsverhältnissen. Und den mäkligen Erwerbslosen sei klar und deutlich gesagt: Wer auf dem Arbeits-

markt nicht mehr willkommen ist, kann sich im Supermarkt immer noch als Verbraucher nützlich machen, wenn nicht sogar nach Herzenslust austoben, das kommt ganz auf die Intensität des Kaufrauschs an, der sich einstellt.
Allerhöchste Zeit, daß der Gesetzgeber knallharte Empfehlungen beschließt, die es sensationsgeilen Journalisten in Zukunft verunmöglichen, negative Meldungen in die Medien zu plazieren.

Also nicht so: Durch die Mißwirtschaft des Finanzministers ist dem deutschen Volke ein Verlust von zehn Milliarden Mark entstanden.

Sondern so: Dem Finanzminister ist es gelungen, einen Verlust von zehn Milliarden Mark zu erwirtschaften.

Falsch: Alte Leute, die gezwungen sind, nach Einbruch der Dunkelheit noch aus dem Haus zu gehen, scheißen sich vor Angst in die Hose.

Richtig: Wir können davon ausgehen, daß das Sicherheitsbedürfnis der Senioren zunehmend wächst.

Falsch: Von einst vier Millionen Arbeitsplätzen in Ostdeutschland konnten zweikommafünf Millionen vernichtet werden.

Richtig: Von einst vier Millionen Arbeitsplätzen in Ostdeutschland konnten eineinhalb Millionen gesichert werden.

Falsch: Die Deutsche Post verlangt von ihrer Kundschaft mehr Porto als alle anderen Postunternehmen Europas.

Richtig: Die Deutsche Post ist Porto-Europameister. Wir gratulieren.

Falsch: Zur maßlosen Enttäuschung ihrer Fans belegten die deutschen Schwimmer bei den Weltmeisterschaften nur Platz siebzehn.

Richtig: Zur maßlosen Freude ihrer Fans ist bei den Schwimmweltmeisterschaften nicht ein einziger der deutschen Schwimmer ertrunken.

Falsch: Die Wahlbeteiligung sank auf siebenunddreißig Prozent und damit knapp unter den Prozentwert des Nordhäuser Doppelkorns.

Richtig: Die Wahlbeteiligung erreichte fast fünfzig Prozent; die Demokratie ist noch mal mit einem blauen Auge davongekommen!

RATGEBER
FAMILIE & SCHULE

■ MACHT KINDER!

Wie man ein Kind macht (oder mehrere auf einmal, aber das gelingt nicht häufig) – Handreichungen dazu würden den Rahmen dieses Buches sprengen. Nur soviel sei vielleicht angedeutet: Es ist ein recht komplexer Prozeß.

Eine Mutti im Osten, die sich ein Kind und damit Kindergeld anschafft, kann damit ihre Sozialhilfe um einen beachtlichen Prozentsatz aufbessern. Man spricht deshalb auch unter Ostlern nach wie vor davon, daß Kinder das Leben bereichern. Doch Vorsicht, lieber Leser, das gilt nur bis zu einem gewissen Alter der lieben Kleinen. Denn irgendwann wollen sie Klamotten von C & A, sündhaft teure energetische Getränke, Kinobesuche, eine Spielekonsole, eine Schreckschußpistole und schließlich sogar an einer Klassenfahrt nach Neuruppin teilnehmen. Damit sind sie in den Lebensabschnitt eingetreten, von dem ab sie, wie Ökonomen berechnet haben, etwa ein (1) Einfamilienhaus verzehren. Wer als Elternteil nicht über ein solches verfügt, sollte es lieber ganz bleibenlassen. Denn sonst nimmt die Natur ihren Lauf, und die Kinder tun sich an ihren Vorfahren gütlich – Fälle von Kannibalismus sollen im Raum Bitterfeld bereits im 3. Jh. v. Chr. beobachtet worden sein.

Beachte: Das Recht, sich von ihren Alten aushalten zu lassen, haben die herzigen Kindlein bis ins blühende Alter von 27 Jahren (ein Alter, in dem ihre Eltern längst Aktivist der sozialistischen Arbeit waren). Ab dann müssen sie allerdings den Karrieresprung in die Sozialhilfe vollziehen. Viele von ihnen bleiben bis in ihr drittes Lebensjahrzehnt bei den Eltern wohnen (»ostdeutsche Nesthocker«), wobei auch ihre jeweils wechselnden

Sexualpartner die familiäre Nähe in der Zweiraumwohnung der älteren Generation suchen – ein schönes Zeichen für die Solidarität unter den Ossis!

Wenn die Eltern Rentner werden, kriegen sie für das verfressene Eigenheim viel Liebe, Kaffee und Kuchen zurück. Immerhin verfügen sie dann über das einzige stabile Einkommen in der Sippe. Sehr gern werden sie von ihren Nachkommen auch zu Pflegefällen gemacht (bei sogen. Badezimmeramputationen oder Verbrennungen dritten Grades infolge improvisierter Stürze in die Weihnachtstanne) und mit Ostprodukten künstlich am Leben erhalten. Denn auch Pflegegeld ist besser als gar nichts. Für alle diese, im einzelnen vielleicht nicht immer heiteren Geschehnisse haben die Altbundis dem Osten einen Begriff vermacht: Generationenvertrag.

Wer das alles vermeiden will, macht es wie die Mehrheit der Ostler: Sie verhüten. Dafür sind sie seit der Wende nicht mehr auf wiederverwendbare Kondome oder Katzendärme angewiesen. (Wie verhütet wird, kann hier nicht im einzelnen erklärt werden. Wir verweisen auf: Siegfried Schnabl: Sexualität in der DDR, Berlin 1973.) Im Durchschnitt schafft es der durchschnittliche Neubundi auf 0,8 Kinder.

So sehen die Ostfrüchtchen dann aber auch aus! Sie sind 0,5 Zentimeter kleiner als ihre Schwestern und Brüder im Westen (jedoch kräftiger behaart) und in der Regel auf die Realisierung ihrer Grundbedürfnisse reduziert. Westdeutsche Dichter – Goethe, Ernst Jünger, Hera Lind – erschließen sich ihnen zeitlebens nicht. Sie taugen generell nicht mal für die mittlere Beamtenlaufbahn, die deshalb auch im Osten von Westlern eingeschlagen werden muß, geschweige denn, daß sie es ohne außerordentliche Nachhilfe aus dem Westen (Evangelische Akademie Tutzing, Kamingespräche bei Johannes Rau) je zum ostdeutschen Fernsehintendanten schaffen.

Aus der Reproduktionsquote von 0,8 folgt natürlich, daß die Ostler langsam aussterben, was auch durch Erfolge in der Schweinezucht im Kreis Demmin nicht aufgehalten werden kann. Aber, Kopf hoch!, das ist kein Grund, Trübsal zu blasen, verwirklicht sich doch durch das allmähliche Verschwinden der Ostler eine wichtige Zielstellung der Deutschen Einheit. Man sollte also als Ossi seine Kinder so erziehen, daß man sterbend sagen kann: Es könnten die letzten gewesen sein!

Dazu gehört natürlich auch, den Kindern gegenüber eine richtige Haltung zur Diktatur einzunehmen. Wenn unsere Sprößlinge selbstvergessen ein Pionierlied trällern, z. B. das verlogen-triefige »Die Heimat hat sich schön gemacht, und Tau blitzt ihr im Haar«, sollte man sie auf keinen Fall schlagen, sondern mit den Worten »Das ist Pfui, Pamela!« das Gespräch mit ihnen suchen.

Ihrer natürlichen Bestimmung gemäß gehen unsere Kinder mit Eintritt der Volljährigkeit auf Nimmerwiedersehen in den Westen; nur die Doofen bleiben zurück. Wenn sie dort einen Fortpflanzungspartner finden, kann man sicher sein, daß sich die spezifisch ostdeutschen genetischen Defekte – Neigung zu Spreewaldgurken und Puhdyklängen sowie allergisches Jucken beim Aufsuchen von Gotteshäusern – in der zweiten Generation verwachsen.

■ IM EINKAUFSPARADIES
oder Tante Elvira lernt es nie!

Ein Fallbeispiel mit 10 Lehrsätzen

Eigentlich sollte ein zwölfjähriges Überlebenstraining in der Marktwirtschaft ausreichen, um richtig einkaufen zu lernen. Pustekuchen! Tante Elvira sagt noch immer: »Ich geh jetzt zur Kaufhalle«, wenn sie zum Super-Shopping-Center will. Und sie benimmt sich dort, als fände noch immer die Verteilung der abgezählten Massenbedarfsgüter durch Konsum und HO statt und nicht der Kaufrausch der Überflußgesellschaft unter Führung von ALDI und all die anderen.

Folge: Wenn Tante Elvira loszieht, hat sie fünf notwendige Dinge auf ihrem Zettel. Aber wenn sie wiederkommt, hat sie fünfzig weniger notwendige Sachen in ihrem »Hacken-Porsche«. Und wenn auf dem Kalender der 18. ist, dann ist in ihrer Haushaltskasse der 28. Kein Wunder, daß sie die ganze Neuzeit verdrießlich findet und als Wechselwähler alle Regierungen der Nachwendezeit ins Wanken bringt.

Neulich sagte ich: »Schluß damit, Tante Elvira! Was sollen die Altbundis von uns denken? Du mußt endlich die zehn Gebote für die Schützengräben des Konsumterrors lernen!«

Und dann habe ich mit ihr geübt:

Erstens: Der Einkauf beginnt nicht mit dem Blick in den Kühlschrank, sondern mit dem Blick in die Zeitung: Wo gibt's welche Sonderangebote?

Zweitens: Die Frage lautet nicht: »WO gibt's heute WAS?«, sondern: »WER verkauft zu welchem PREIS?«

Drittens: Beim Betreten der Halle umgibt dich verträumte Musik, die dein Herz und dein Portemonnaie öffnen soll, darum: Watte in die Ohren, Zettel raus und durch!

Viertens: Auch, wenn der Ischiasnerv aufschreit – bücken! Denn Billigware ist Bückware. In Augenhöhe steht meist die gehobene Preisklasse.

Fünftens: Nie ostelbisch fragen: »Haben Sie vielleicht …?«, sondern westelbisch fordern: »Geben Sie mir bitte …« Wenn nicht, nachhaken: »Bis wann haben Sie's hier?«

Sechstens: Bei teuren Einrichtungsgegenständen nicht nach dem Gebrauchswert fragen: »Wie lange hält das?« Der Prestigewert zählt: Die Nachbarn sollen staunen!

Siebentens: Nie den Beutel zum Einpacken rüberreichen! Lieber Geschenkpapier mit Schleifchen verlangen. Mit der ALDI-Tüte geht man nur zum Sozialamt!

Achtens: Niemals das Geld vor der Kasse nachzählen! An der Ware rummäkeln, den Preis runterhandeln, Teilzahlung vereinbaren, notfalls unter Protest zurückgeben.

Neuntens: Vorsicht bei Schnäppchen! Bei Schuhen, beispielsweise, verlagert sich der Schmerz nur vom Konto auf den Fuß. Teuer gekauft, ist billig gekauft.

Zehntens: Kein falsches Mitleid, wenn du Ostprodukte siehst! Wo Osten draufsteht, steckt längst Westen drin. Außer bei Kathis Kloßmehl.

Doch dann gab Tante Elvira den schweren Seufzer von sich: »Am besten, man kauft gar nichts mehr!«

Ich sagte: »Richtig, Tante Elvira. Deshalb alle Kaufhäuser meiden, in den Garten fahren, Spargel anbauen, Hühner füttern und zum Tauschhandel zurückkehren! Das hast du schon mal so gut beherrscht, daß dich kein Großhandel mehr aufs Kreuz legen kann!«

Mal ehrlich: Ich glaube Tante Elvira lernt es nie! Aber das macht sie so sympathisch.

■ WESTBESUCH

Die Glanzzeiten mit üppigen Paketen, verwandtschaftlichem Solibeitrag und ehrlichem Erfahrungsaustausch sind vorüber. Glücklicherweise. Nachdem die westdeutschen Verwandten in den letzten zwölf Jahren das exotische ostdeutsche Terrain in zwei, drei Wochenendausflügen ausreichend erkundet hatten, lassen sie sich heute nur noch selten blicken. Fünf Treppen zu steigen ist ihnen wirklich nicht länger zuzumuten.

Und seit wir Ossis zumindest im Privaten von den Wessis finanziell unabhängig sind und auch mal unsere Meinung sagen können, sind wir für sie nicht mehr besonders attraktiv. Da fahren die Westdeutschen lieber nach Polen oder Asien. Wo die Leute den Euro noch zu schätzen wissen.

Falls sich dennoch einmal Westbesuch zu Ihnen verirren sollte, seien Sie nachsichtig. Die Straßen, auf denen sie zu uns fahren und über die sie sich regelmäßig beklagen, haben sie sogar schon vor der Wende mit der Transitpauschale bezahlt. Also lassen Sie ihnen diese kleine Freude.

Hüten Sie sich davor, den Wessis zu eröffnen, daß auch wir ostdeutschen Steuerzahler Solidaritätsbeitrag blechen. Das Selbstbewußtsein der Westdeutschen ist schon von Pisa-Studie und diversen Korruptionsskandalen erschüttert. Einige von ihnen sind gerade dabei zu entdecken, daß auch sie selber nun schon über 50 Jahre hinweg belogen und betrogen wurden.

Wenn die Westverwandtschaft über die wirtschaftliche Lage in Deutschland klagt, verkneifen Sie sich jeden triumphierenden Hinweis auf den Aufschwung Ost und stimmen Sie scheinheilig ein in das Klagelied.

Nur in einem Punkt sollten Sie unnachgiebig und absolut professionell reagieren.

Wenn es um anstehende Erbschaftsangelegenheiten oder um die Unterstützung gemeinsamer Verwandter gehen sollte, seien Sie um Gottes willen auf der Hut!

Sonst könnten Sie Ihr Geld schneller loswerden als im Spielkasino von Bad Homburg.

LEITFADEN FÜR EIN
FREIHEITLICH-DEMOKRATISCHES FAMILIENLEBEN

Schon Friedrich Engels wußte: Die Familie ist die Keimzelle des Staates. In einem kommunistischen Lotterstaat sah das Familienleben so aus: Jeder nach seinen Fähigkeiten, jedem nach seinen Bedürfnissen, alle nach Lust und Laune.

Die Zukunft gehört der nach den Gesetzen der modernen Marktwirtschaft organisierten Familie.

1. Leistung

Arbeitgeber/in ist, wer das Geld nach Hause bringt und die anderen – Partner/in (Putzteufel), Kinder – für ihre Arbeit bezahlt.

Der Lohn des Putzteufels wird durch Tarifverhandlungen entschieden, wobei Arbeitskampfmaßnahmen – Aussperrung, Aufräumstreik, Scheidung einreichen – zu vermeiden sind. Meist weist der Arbeitgeber auf die angespannte Konjunktur (Miete, Riesterrente) hin, während der Arbeitnehmer großen finanziellen Spielraum (Sportwagen, Modellklamotten) vermutet. Lösung: Schlichtungsverfahren beim Amtsgericht.

Die gerechte Entlohnung der Kids gemäß der Akkordlohntabelle des BDI. Zum Beispiel: Zimmer aufräumen 2,20 Euro, Müll runterbringen 0,90 Euro, Saugen 0,20 Euro/m^2. Zuschläge nach 18 Uhr 20 %. Aber Vorsicht: Pfuschgefahr. Die Kids könnten die Mülltrennung und beim Saugen die toten Winkel weglassen. Lösung: Kombination aus Stunden- und Akkordlohn.

2. Ausgaben

Die erweiterte Haushaltskasse lädt zu Unregelmäßigkeiten geradezu ein.

Mama zahlt daraus die 150 Euro für den Promi-Friseur, hat aber keine 30 Euro für Papas Marken-Whisky; und die 20 Euro für Spatzis und Püppis Duden entfallen wegen des gestrichenen Deutsch-Unterrichts sowieso. – Lösung: Jeder zahlt künftig selbst. Aus der Haushaltskasse werden nur noch Grundnahrung und gemeinsam benutzte Haushaltswaren bezahlt.

Die enge Haushaltskasse hat ebenfalls Tücken: Brötchen und Joghurt kann man zwar preislich zuordnen: Aber wie ist es mit Zucker? Nimmt Papa nicht immer zwei Löffel für den Kaffee und Mama keinen, Püppi für ihr Müsli drei und Spatzi für seinen Griesbrei sogar vier? Wieso soll Mama die Kaloriengier der anderen mitfinanzieren? – Lösung: Portionsteiler wie in Hotels. Taschentücher, Klopapier, Bonbons und Obst können stückweise berechnet werden.

Vorsicht: Der Einkauf bietet Chancen für Betrüger: Schon Alfried Krupp kaufte 1818 als Erstklässler den täglichen Liter Milch statt nebenan für 7 Pfennig im 15 km entfernten Nachbardorf für 6 Pfennig, steckte die Differenz ein und verdiente so das Geld für sein erstes Hüttenwerk.

Die Lösung: Genaue Kassenbons – vom Verkäufer mit einer eidesstattlichen Versicherung versehen.

Fazit:

In der modernen Familie kauft jeder sein Zeug selbst ein und lagert es separat. Aufteilung innerhalb eines Kühlschranks, Regals oder Schranks hat den Nachteil, daß sie zur Fremdnutzung einlädt. Eigene Depots (mit Schlössern und Alarmanlangen) bedeuten zwar höhere Kosten, aber die gehören zu den notwendigen Übeln überall in der Marktwirtschaft – sind also der Preis für Freiheit und Demokratie.

■ LIEBE KINDER,

im Unterschied, nein, im schreienden Gegensatz zu früher – also zu jener Zeit, als eure Eltern noch an den Stränden ihrer ostdeutschen Heimat nackt herumlaufen mußten, ohne vom Westtouri zur Badehose missioniert werden zu dürfen –, früher also war auch in der Schule fast alles ganz anders. Viel schlimmer natürlich. Die Kinder brachten Frühstücksbrote mit in die Schule mit ordinärer Jagdwurst drauf, und es gab noch nicht einmal einen Cola- und auch keinen Zigarettenautomaten – von Möglichkeiten, beim Hausmeister cleane Spritzen zu bekommen, ganz zu schweigen! Mittags aßen die Schüler auf das Kommando »Essenfassen!« für fünfzig oder siebzig Pfennige in der Schulspeisung, bei der natürlich gar keine Schule verspeist wurde (eine der vielen Lügen des Regimes!). Für fünfzig Ostpfennige! Das ist so erschreckend wenig Geld, daß man sich bei dem Gedanken ekelt, daß Kinder Gerichte verzehren mußten, die derart minderwertig waren.

Aber über all das wollen wir nicht mehr sprechen – es gruselt euch sonst zu sehr, und ihr fangt davon an, an den Nägeln zu kauen oder euren Haustieren die Dickdärme aufzublasen. Wenn ihr aber wirklich einmal einen richtigen Horrornachmittag erleben wollt, dann müßt ihr euch Freya Klier einladen, die schon bei vielen Märchenerzählerwettbewerben einen Trostpreis gewonnen hat. Sie ist eine Bürgerrechtlerin, das heißt, sie kommt sofort.

Wenden wir uns dem glücklichen Heute zu!

Die freiheitliche Schule kann man nämlich nur richtig genießen, wenn man einige Verhaltensregeln beachtet. Sie sind ganz einfach und folgen der Kampflosung aus dem Religionsunterricht »Auge um Auge, Zahn um Zahn«. Soll heißen: Wer nach der Hauptschule noch beide Augen und wenigstens einige naturbelassene Zähne im Mund hat, kann von sich sagen, in der Schule ganz gut durchgekommen zu sein.

Dazu braucht es zunächst die richtige Bewaffnung. Weil eure Eltern so toll für die Deutsche Einheit gekämpft haben, müßt auch ihr Ossikinder heute nicht mehr auf Markenprodukte verzichten: Schlagringe, feststehende Klingen, Schreckschußpistolen. Und wenn ihr es geschickt anstellt und gesellschaftlich aktiv in einem Schützenverein der Polizei seid, habt ihr auch bald eine Pumpgun unterm Bett.

Aber Vorsicht! Mit all diesen Dingen kann man sowohl Mitschülern als auch Lehrern und Schulsekretärinnen bleibenden Schaden zufügen. Man sollte dabei aber nicht so planlos vorgehen wie Robert Steinhäuser aus Erfurt. Seine Tat ist schärfstens zu verurteilen. Ganz abgesehen davon, daß er im Schulhaus außerhalb der Raucherinsel geraucht hat – er hätte um ein Haar auch einen Lehrer treffen können, der zu kameradschaftlicher Hilfe aus Hessen an diese Schule gekommen war! Na ja, wir wollen den Teufel nicht an die Wand malen – ist ja noch mal gutgegangen.

Lehrerinnen und Lehrer, die aus dem Westen an eure Schule gekommen sind, bedürfen eurer besonderen Fürsorge. Denn es ist nicht leicht für sie, aus einer gefestigten Demokratie in eine Region zu kommen, wo man den Herrn Bundestagspräsidenten ungeniert einen sabberbärtigen Sprechsack nennt und wo man nur wählen geht, wenn einen die Kampfgruppen der Arbeiterklasse dazu aus der Wohnung geprügelt haben. Außerdem haben es eure Lehrer oft mit Erziehungsberechtigten, also euren Elternteilen, zu tun, die auf Elternabenden immer noch so schmutzige Wörter wie »pädagogische Verantwortung« und »Klassenkollektiv« sagen und einfach nicht von der albernen Vorstellung abzubringen sind, daß Kinder in der Schule was zu lernen haben, dabei auf Stühlen und an Tischen sitzen müssen, es einen Stundenplan geben müsse und die Bezeichnung »alte Votze« für eine Lehrerin, auch wenn sie über fünfzig ist, nicht zugelassen werden darf.

Wenn euch eure WestlehrerInnen fragen, ob ihr abends lieber die Aktuelle Kamera oder die Tagesschau im Fernsehen seht, dann solltet ihr nicht schwindeln, denn die Zeit der Doppelzüngigkeit ist ein für allemal vorbei. Nur wenn eure Eltern in der revolutionären Zelle von Saalfeld an der Saale oder Hodendodeleben aktiv sind, solltet ihr etwas drumrumreden. Wenn eure Eltern jedoch für die PDS schwärmen, könnt ihr das inzwischen frei heraus äußern, ohne daß ihr fürchten müßt, von den Agitatoren der Jungen Union wie die Fans von Egon Krenz behandelt zu werden. Denn die PDS ist mittlerweile im Osten – neben Polizei und Kirche – die dritte Säule des Staates.

Etwas anderes ist es, wenn ihr es mit ostdeutschen LehrerInnen zu tun habt. Die wollen oft noch am Neuen Menschen, also an euch kleinen, verkommenen Subjekten rumerziehen, wie sie es gelernt haben. Unter ihrem politischen Druck will man jetzt das Fach Polytechnik und Gartenarbeit wieder einführen. Als nächsten Schritt werden sie euch zwingen, wieder mit dem Bollerwagen von Haus zu Haus zu ziehen und Flaschen zu sammeln. Wenn sie als Pionierleiter entlarvt werden oder Spermaflecke in Schulbüchern entdecken, reagieren sie ausgesprochen autoritär. Welcher Lehrer aus dem Osten ist, das merkt ihr daran, daß sie oft morgens vor verschlossenem Schultor stehen, weil sie dachten, vor dem Unterricht ist ein Fahnenappell.

Bei Ostlehrern sagt ihr am besten immer das Gegenteil von dem, was eure Meinung ist. Der Ostlehrer dreht das dann automatisch in seinem Kopf wieder rum und begreift dann, was ihr wirklich denkt. Das steckt bei dem so drin.

Bei Ost- und WestlehrerInnen dürft ihr ohne Scheu folgende Meinungen haben:
• Es gibt einen lieben Gott, mindestens einen, und der kann den Kommunismus nicht gewollt haben.
• Das schönste an der kommenden Arbeitslosigkeit ist die Freiheit – bzw. umgekehrt.
• Unter Adolf Hitler hat die DDR den Krieg verloren.
• Köln ist definitiv kein Ausland.

Damit kommt ihr etwa bis zum Abitur, und das müßt ihr auch, denn unser Land braucht gebildete Erwerbslose und Hotelfachfrauen, die den Unterschied zwischen Hummer und Homer erahnen.

Nach dem Krach um PISA, wo der Turm schief steht, hängt bildungspolitisch auch der Haussegen schief. Ihr könnt gar nicht früh genug begreifen, daß ihr das Letzte seid – so steht euch jedenfalls kein Abstieg bevor.

Wenn man euch auf das intellektuelle Niveau einer bayerischen Lederhose heben will, streitet euch nicht rum. Denkt daran: Der Fuchs ist schlau und stellt sich dumm – beim Wessi ist es andersrum.

■ **DER OSSI UND DIE R-REFORM**

DEUTSCH FÜR INLÄNDER
oder
DER KATEGORISCHE INFINITIV
oder
MERDE – AUF GUT DEUTSCH GESAGT

Alles wächst prima zusammen in deutschland: konzerne west und werkbänke ost, sozialhilfeempfänger und ihre girokonten, bundestrainer und fußballnationalmannschaft, die vereinigte zerstrittene linke, nierenkranke und spendernieren, konjunktur west und abm-kompatibler aufschwung ost.

Vieles davon hat noch nie zuvor zusammengehört.

Während das vaterland also längst eins ist, wird die muttersprache noch immer von tiefen unversöhnlichen gräben durchfurcht. Von der mauer in den köpfen ganz zu schweigen.

Jammerossi und besserwessi reden zwar endlich wieder deutsch miteinander, sprechen aber noch lange nicht dieselbe sprache. Trotz eines gesamtdeutschen dudens. Während die einen auf »Kaufhalle«, »Broiler« und »Kollektiv« bestehen, sagen die anderen unverändert »Supermarkt«, »Team« und »der Stasi«.

Überhaupt bevorzugt der westdeutsche intellektuelle das maskulinum. Er sagt zum beispiel: »der Zölibat« und »der Primat«. Das klingt so männlich. Ich persönlich bevorzuge hier das neutrum. Beim zölibat scheint es mir besonders angebracht. Und laut duden ist das grad noch so erlaubt. Wir leben ›schlußendlich‹ in einer demokratie.

»Das Schlamassel« hingegen mußte ich mir bedauerlicherweise abgewöhnen. Dies war nur nach dem obsoleten ddr-duden gestattet. Und obwohl ich regelrecht entzugserscheinungen habe, schreibe ich nur noch: »der Schlamassel.«

Ich werde mich hüten, den boden des grundgesetzes zu verlassen.

Kürzlich sprach ein rundfunk-mensch aus einem der uralten bundesländer von »Zschoppppau«. Ich stamme zufällig aus der gegend und weiß daher genau, daß der ort »Zschopau« heißt. Deswegen schreibt er sich ja auch so.

Ich sage schließlich auch nicht »Bremmmen«!!!

Zschoppppau grenzt an verbale okkupation.

Etwa wie »Theo, wir fahrn nach Lodsch!«

Es heißt »Wudsch«, meine damen und herren, »Wudsch«!!!

Zumindest, solange die stadt polnisch ist.

Sie können ja notfalls schon immer mal »Litzmannstadt« sagen.

Deutschland in den sprachlichen grenzen des erlaubten.

Die »Zweite Berliner Orthographische Konferenz« erarbeitete im jahre 1901 erstmals einheitliche richtlinien für unsere deutsche muttersprache. Seither herrschte in ihr im wesentlichen der ausnahmezustand. Während »Thür« und »Thor« beispielsweise das »h« verloren, blieb es in »Thron« auf vielfachen wunsch eines einzelnen herrn erhalten. Der deutsche kaiser war von reformen ohnehin nicht begeistert.

Mit recht, wie sich zeigen sollte. Denn schon nach wenigen jahren war von der monarchie nur noch das wort übriggeblieben. Sowie eine neubildung für den zustand der deutschen orthographie hinzugekommen: konstitutionelle anarchie.

Einige anarchistische beispiele: »in bezug auf«, aber: »mit Bezug auf«; »Nummer«, aber: »numerieren«; »Platz«, aber: »plazieren«…

Bei der zeichensetzung reagierte der duden auf jede logische anfrage zu einem zweifelsfall in seiner folgenden ausgabe mit einer neuen unlogischen regel. Bis er es in der neuzeit auf immerhin 260 beistrichregeln gebracht hatte.

Und auf mindestens doppelt so viele ausnahmen.

Wer mit seinem latein am ende ist, sagt ein neudeutsches sprichwort, sollte es mal mit seiner muttersprache versuchen. Leichter getan als – gesagt! Oder gar geschrieben. Denn nur das gros der schüler in ost und west schreibt vorerst einigermaßen einheitlich. Falsch.

Nach der kleinen novemberrevolution (vgl. hierzu auch: große oktoberrevolution) merkten auch die gesamtdeutschen sonntagsredner sehr rasch, daß sie mit ihrem latein am ende waren, und versuchten, auf die deutsch-deutsche muttersprache auszuweichen. Was man verstehen konnte.

Wenn auch nur mit mühe. Besonders im beitrittsgebiet.

Lediglich die gedanken waren nun im ganzen land frei.

Die sprache blieb bedauerlicherweise an gewisse regeln gebunden.

Sie beruht offenbar wie die gesamte parlamentarische demokratie auf heimlichen absprachen. Zum besseren verständnis.

Doch genau damit hapert es ganz gewaltig.

Mußte das deutsche unbedingt neu geschrieben werden?

Von der deutschen vereinigung wurden nicht nur die redner total überrascht. Auch die sprachwissenschaftler! Besonders jene experten aus vier mehr oder weniger deutschsprachigen ländern, die bereits seit 1986 im untergrund an der reformierung der hochdeutschen sprache arbeiteten.

Mit dem ende der ddr hatten sich viele sprachprobleme von selbst erledigt. Zum beispiel das ganze parteichinesisch. Trotz dieses anfangserfolges der kleinen novemberrevolution setzten die sprachwissenschaftler aus den verbliebenen drei ländern ihr reformationswerk unerbittlich fort. Bis zur sogenannten rechtschreibreform. Als die kultusministerkonferenz (kmk) kürzlich einen ersten zwischenbericht zur r-reform präsentierte, stieß sie beim deutschen kaiser auf keinen nennenswerten widerstand mehr. Nicht mal beim deutschen bundeskanzler.

Das ist nicht gerade sein spezialgebiet.

Nach wie vor unversöhnlich sind die fronten bei der groß- und kleinschreibung. Hier ging schon früher ein tiefer riß sogar durch deutsche familien. Während jacob grimm beispielsweise die kleinschreibung konsequent anwendete, bevorzugte sein bruder wilhelm die großschreibung.

Goethe hingegen war äußerst flexibel und schöpferisch. Zumindest in seinen briefen. Dort nämlich schrieb er einfach alle wörter groß, die ihm persönlich wichtig erschienen. Man sollte es kaum glauben, aber unsere schüler scheinen sämtliche briefe goethes gelesen zu haben.

Während deutsche revolutionen bekanntlich stets unversöhnlich remis endeten, siegte bei den reformen in aller regel der – kompromiß. Die in wien beschlossene r-reform macht da keine ausnahme. Orthographie bleibt auch nach der reform weitgehend geschmackssache. Zumindest bis zum jahr 2005. Bis dahin kann im grunde jeder so schreiben, wie er will.

»Strofe, Ketschup, Fluss, fär, Fass, Polonäse, Asfalt, dass ...«

Erlaubt ist, was gefällt. Bildungsbürger dürfen diese wörter im zweifelsfalle aber vorerst noch korrekt schreiben. Das ungebildete volk wiederum erhält die ›färe‹ chance, sich auch weiterhin bei etlichen ausnahmen bis auf die knochen zu blamieren, zum beispiel bei »Pirouette« oder »Silhouette« ...

Die kommata vor erweitertem infinitiv und teilsätzen können locker weggelassen werden. Weil die meisten gedanken sowieso frei sind. Von jedem gedanken.

Wer dennoch mal eine echte überlegung anzustellen beliebt, darf seine gedanken aber getrost ein bißchen ordnen und kommas setzen. Sogar an die richtige stelle.

Was sich bis 2005 durchsetzt, wird dann allerdings gesetz.

So ist das nun mal bei einer demokratischen sprache.

Die schweigende mehrheit entscheidet.

■ SPEZIELL FÜR OSSAS:
RATSCHLÄGE FÜR DEN SEX MIT WESSIS

Unter uns Mädels: Auch mit dem Wessi ist es nicht immer ein reines Vergnügen. Wenn du ihm seinen knöchellangen Mantel wegnimmst und die Krawattennadel und das Sakkoeinstecktüchlein und die Schuhe, die so teuer waren wie der Sozialhilfesatz – dann sieht er verdammt wie ein Ossi aus, der um Umschulung bettelt.

• Er arbeitet an der Frau sehr konzentriert hintereinander weg. Fünfzig Jahre Kapitalismus haben ihn gelehrt: Wenn du versagst, fliegst du raus. Das ist ihm in Fleisch und Blut übergegangen.

• Natürlich kann auch der Wessi hinterher nicht den Rand halten. Achtung, die Schlimmsten sind die, die auf sozial gemeinnützig machen und fragen: »Hab ich dir auch nicht wehgetan, Liebling?« So einem kann man z. B. antworten: I wo, unter der Stasi haben wir mehr gelitten!

• Wenn du es mit einem Besserverdiener zu tun hast, kann es passieren, daß er vorher sein Handy auf das Nachtschränkchen legt und guckt, ob das Netz steht. Irgendwann ist er dann immer enttäuscht, wenn mittendrin keiner anruft und er nicht ins Telefon brüllen darf: »Jetzt nicht!« Manchmal steht auch nur das Netz. Dann unterbricht er alle sexuellen Aktivitäten und klärt dich darüber auf, daß der Westen euch Ossis an die Spitze der Telekommunikation gebracht hat. Es empfiehlt sich, das über sich ergehen zu lassen.

• Beim Sex darf man dem Wessi nie in die Haare gehen. Denn für den Friseur gibt er viel Geld aus, und er nennt ihn deshalb Coiffeur. Wenn du seine Frisur berührst, legt das unweigerlich kahle Stellen frei, und das wiederum kann dazu führen, daß der Wessi ohne Übergang von seiner Altersvorsorge zu sprechen beginnt.

• Wenn du einen Wessi empfängst, solltest du zunächst immer vollständig angezogen sein. Denn er führt dich vorher gern ins Restaurant aus. Dort sagt er nie »Nummer sieben«, sondern kann jede Bulette bei ihrem multikulturellen Namen rufen. Im Lokal darfst du mit dem Wessi praktisch über alles reden – Hauptsache, es geht irgendwie um Geld. Aufpassen muß man nur, wenn er das Thema Steuern anscheidet – da vergißt er, daß er heute eigentlich noch bumsen wollte.

• Nach dem Sex verhalten sich manche Wessis sonderbar unausgeglichen. Zumeist kann man davon ausgehen, daß er darauf wartet, daß sich die Ossa bedankt. Auf Danksagungen legt er traditionell großen Wert: Der Wessi denkt stets, daß wir im Osten großes Schwein haben, wenn er bei uns in Stellung geht.

• Allerdings, auch wenn man sich bedankt, leistet er beim nächsten Mal nicht auffallend mehr. Auch der Westen ist an seine Grenzen gekommen.

»Du bist jetzt Bundesbürger, da mußt du dir das abgewöhnen!«

RATGEBER
FUN & LIFESTYLE*

---

* Freizeit & Kultur

■ RICHTIG LESEN – GESTERN UND HEUTE

Ein Kleiner Literatur-Kanon

Beim Wort Kanon denkt der in Polytechnischen Gemeinheits-Oberschulen Aufgewachsene zu oft noch an altes Kollektivsingen: »Für eine bessere Zuuuukunft! – Laurentia, liebe Laurentia mein!« Hat er aber oft genug Marcel Seich-Simplicki gelauscht, begreift er, daß Kanon in der Literatur so etwas wie die Liste für Pflichtlektüre aus dem Parteilehrjahr ist.

Früher wußte der Ossi, daß man so tun mußte, als hätte man »Wie der Stahl gehärtet wurde« gelesen, und er konnte im Chor aufsagen: »Das Wertvollste, was der Mensch besitzt, ist das Lesen. Drum muß er immer und überall von der Sowjetunion lesen.« (Weiter auf russisch.) Natürlich hatte kein Original-Ossi den Verfasser Pawel Kortschagin – nach anderen Quellen war es ein Genosse Chrustschowski – wirklich studiert. Doch die hohen und hehren Ziele dieses Buches konnte er per Schulaufsatz herbeten. Die anderen wichtigen Bücher der untergegangenen Epoche hat Ossi, als er noch Klein-Ossi war, manchmal wirklich gelesen, und er erinnert sich dunkel an »Die Söhne der Großen Sozialistischen Bärin«, »Timur und sein Trapper«, »Neuland unterm Hammer« und »Alfons Zitterbacke – Sohn seiner Klasse«. All das steht heute noch im Ost-Bücherschrank und kann später mal, wie einst die »Fahne von Kriwoj Alles Roger« (Näheres nachzulesen in der Lexikon-Stalinausgabe) als Beweis für Standhaftigkeit, Widerstand und einen untrüglichen Klassenstandpunkt gelten.

Bis dahin aber muß der östliche sich als westlicher Literaturfreund verkleiden. Zu diesem Zweck hat er all-

wöchentlich die Spiegelbestsellerliste zu lesen. Und zu lernen! Lernen, lernen und nochmals Lenin! Denn Bestsellerlisten sind Grundlage eines jeden zeitgemäßen Literaturkanons.

Auch heute nämlich ist nichts so schädlich, wie das augenverderbende Lesen von Papierbüchern. Die Schulaufsatz-Methode von »Wie der Stahl gehärtet wurde« gilt es sinngemäß anzuwenden. Man muß alles über den gerade angesagten Shooting-Star der Literaturszene (früher: Dr. Dr. Reinhard-Weisbach-Preisträger des Zentralen Schweriner Poetenseminars) und dessen Buch wissen, ohne je reingeguckt zu haben. Man sollte also Autoren wie Donna »Päpstin« Leon, John »Akte« Grisham, Benjamin von »Spitzenunterhose« Stuckrad-Barre, vielleicht auch Günter »Krebsgang« Grass, Günter «Millionen« Jauch, Umberto »Pendel« Eco und als Geheimtip Sarah-Mandy von Coblach-Toblach (Eulenspiegel Verlagsgruppe) mit folgenden Adjektiven verbinden: Kultig, lecker, geilsam, erdig, hochspannend, abgrundtief erbauend, prime-timig, lastend, quotig, literarisch, konzis, tierisch gut, menschlich tief, primavista, primasprity, genuin genial, köstlich komisch, suspensorisch, crazy, greaty, wow, pow, baba, sushi, muschi, groovy, subi, toto, motto, schumi, boomy, ramby, zamby.

Das Erlernen und schöpferische Anwenden solcher Etiketten (vgl. Bier-Etiketten, höfische Etikette usw.) bringt den Diskurs über einen zeitgemäßen Literaturkanon zu einer Rasanz, deren Brisanz in ihrer Toleranz und Konkordanz einfach gaga ist. Mit anderen Worten: kultig, lecker, geilsam, kortschaginesk, crazy, groovy, supi, schumi, boomy, ramby, zamby, süßy, ossi.

■ DIE FENG-SHUI-FALLE

Hängen Sie noch immer wie ein Sack Rüdersdorfer Kalk an Ihrem Leiterregal Typ Sybille, das Sie nach Ihrer sozialistischen Eheschließung erwarben?

Können Sie sich nicht von Ihren Malimo-Übergardinen trennen, die Sie nach der Schicht auf der Veritas steppten?

Schluß mit der Sentimentalität!

Schaffen Sie sich Zwänge! Laden Sie Ihren Wessi-Chef ein! Beweisen Sie Möbilität!

Ein Fallbeispiel
Susanne Nitschke* (45), umgeschulte Steuerfachgehilfin in der Kanzlei Bürger & Bauer Frankfurt/Main, Niederlassung Berlin-Charlottenburg, waschechte Ostberlinerin, faßte sich ein Herz. Zehn Jahre nach der Wende trennte sie sich ohne Versöhnungstermin von Ihrer kompakten Schrankwand Typ »Radebeul Eiche hell« mit Schiebeglasscheiben und Ihrem piefig-geschwungenen saubequemen Loriotsofa – einem Erbstück großonkelseits.

Sie erwarb mit goldenem Kundenrabatt im Erlebnisrestaurant eines großen skandinavischen Möbelhauses eine Lachsvergiftung sowie eine Etage tiefer die instabilen Holzleiterregale Typ »Trullesund«, dazu eine penisförmige knallgelbe Papierstehlampe und das coolkantige Snappsofa »Wencke« mit der Öko-Bodyline. Susanne Nitschke erfeilschte beim Hackeschen Hinterhof-Designer einen puristischen Swingersessel aus quietschigem Pinkleder und ersetzte mutig den späten

---

* *Name vom Autor geändert*

Womatschka durch einen frühen Miró. Die o.g. geblümten Malimovorhänge aus den 70ern ließ Susanne Nitschke als Eyecatcher lässig bammeln. Sie hauchte ihrer Neubau-Naßzelle mit einem ultimativen Mülleimer Original U.S. Push Can für zwei Euro-Hunnis das Feeling des sonnigen Florida ein.

Die Snacks standen bereit. Parma auf Melone, Shrimpsschnittchen, Sangria im Eisbett kaltgestellt. Sound vom achten Album José Padillas wie letzten August im Café del Mar aufgelegt. España perfekto!

Susanne Nitschke lehnte sich zufrieden zurück und erwartete relaxt das Kling-Klong an der Wohnungstür.

Jetzt konnte ihr Chef sie doch allemal – besuchen, dieser quallige 68er Frankfurter APO-Sponti! Samt seiner Sonnenbank-Squaw, dieser hessischen Lederhaut Myrthe-Marie aus dem Vertrieb. Die beiden hatten ja in den letzten Wochen von nichts anderem als ihrem tollkühnen Ausflug in den Nahen Osten Berlins geredet.

Susanne Nitschke war bestens vorbereitet, aber auch gut genug?

Und dann – dieser finale Crash interruptus!

Die zwei Altländler im Hellersdorfer Wohnblock überschritten kaum die Schwelle und stürmten mit einem Entsetzensschrei von dannen. »Grauenvoll! Null Chi!!«

Plötzlich war Susanne Nitschke ratlos allein! Allein zu Haus! Suddenly! Mit dem klebrigen Sangria total sitzengelassen auf »Wencke«, dem Snappsofa!

Wegen ihres Mundgeruchs,
wegen ihres neuen Nebenjobs als Politesse,
wegen ihrer Vorliebe für Westerwelle? Nein, nein, dreimal Nein!

Susanne Nitschke muß sich keine Vorwürfe machen. Sie ist als Ex-Ossi lediglich Spätopfer Ihrer Weltabgeschiedenheit! Jetzt erst rächt sich an ihr der proletarische Internationalismus, für den zwischen Ulan Bator und Hanoi die Landkarte nicht mal gelb war.

Wie Susanne Nitschke hausten 16 Millionen ahnungslose Ostdeutsche eine historische Epoche lang in Ihrer Bude auf einem disharmonischen Pulverfaß – egal, ob P 2 mit Durchreiche in Leipzig-Grünau, unsanierter Altbau mit Außenklo in Teterow oder Edelplatte mit Flügeltür in Berlin-Wilhelmstraße.

Sie alle waren in ihren vier Wänden täglich vom tödlichen Atem des Drachens gestreift! Wegen des Schnittblumen-Engpasses bohrten sich täglich in Blumenfenstern Kakteen als Giftpfeile des Bösen in ihre Seelen!
  Denn: Sie kannten Chi nicht! Sie kannten als Ossis Ho-ho-ho-Chi-Minh! Sie kannten Carmen Hatschi und Lakomy! Sie kannten Chichi und Chinchin! Sie kannten als Kreuzworträtselfans Chi als 22. Buchstaben des griechischen Alphabets.
  Aber sie kennen, wie auch in unserem Beispiel Susanne Nitschke, das wahre Chi bis heute nicht! CHI – dieses kosmische Energiebündel des Feng Shui, der Harmonielehre für die Klaviatur des Miteinanders. Yin und Yang statt feste druff!

Susanne Nitschke hat hinzugelernt. Dank eines Lehrgangs an der Volkshochschule und einer Supervision mit Ihrem Kanzleichef verinnerlichte sie endlich die Lehre des Feng Shui im Alltag. Frau Nitschke läßt sich nunmehr vom kosmischen Atem des Drachens leiten, meidet getreu der Lehre alles Lästige, Störende, Dissonante wie Friedhöfe, Schlachthöfe, Krankenhäuser, Polizeistationen, Finanzämter und vor allem Steuerberaterkanzleien.

Seither klappt es bei Susanne Nitschke mit dem Chi, leider nicht mehr mit dem Chef. Aber darauf kommt es ja in einer Welt der Selbstverwirklichung wirklich nicht an!

Das oben angeführte Problem chi-feindlicher Möblierung löste sich nach dem vierten Besuch des Gerichtsvollziehers von selbst. In ihrem 15-qm-Zimmer der Obdachlosenunterkunft am Stadtrand lebt Frau Nitschke nunmehr im Gleichklang von Yin und Yang mit zwei Goldfischen, einer roten Fledermaus und einer dreibeinigen Kröte.

Der Energiefluß des Chi umspült harmonisch eine Schrankwand »Radebeul Eiche dunkel«, gespendet vom Arbeitslosenservice, sowie ein angestoßenes grünes Nudelmeier-Sofa aus dem Sperrmüll eines Oranienburger Opelhändlers, der demnächst ahnungslos den Besuch seines Filialkettenchefs aus Bad Kreuznach erwartet.

■ SIEBEN GRUNDSÄTZE FÜRS FREIZEITVERHALTEN

Selbst wenn man alle Pein und Qual des früheren Zonenregimes in Rechnung stellt, bleibt das Freizeitverhalten der befreiten Bewohner Neufünflands unbegreiflich.

Bekanntlich ist für die Altbundis die Freizeit der Kern aller Freiheit. Denn acht Stunden täglich entfallen auf die Arbeit, wo tausend Pflichten das Kommando haben. Weitere acht Stunden entfallen auf den Schlaf, wo man sich von der Arbeit erholt. Von den restlichen acht Stunden gehen zwei Stunden auf den Arbeitsweg, zwei Stunden auf die Mahlzeiten, je eine Stunde auf die Körperpflege und die Bewältigung häuslicher und weltlicher Verpflichtungen. Am Ende sind nur zwei Stunden als gelegentliche Freiheit und Freizeit zu nutzen, wenn nicht Überstunden, Besuche oder Vereinstermine dazwischenkommen.

Diese homöopathische Dosierung von Freizeit und Freiheit verträgt sich aber nicht mit dem Selbstbewußtsein der Wessis, daher machen sie einen unheimlichen Wirbel um den kläglichen Rest.

Der Ossi hat die längste Zeit seines Lebens entspannter leben können.

Männlein wie Weiblein gingen Hand in Hand auf Schicht. Sie lieferten im Werksgelände ihre minderjährigen Kinder ab. Sie kannten ihr Tagessoll und vertrauten auf Zwangspausen mangels Zulieferteile. Sie hatten ein strenges Limit für Überstunden. Sie haßten die kapitalistische Ausbeutung und ließen sich deshalb nicht an-treiben. Sie schickten sofort jemand los, wenn die umliegenden Läden neue Ware bekamen. Sie liebten

die Kollektivität und klärten alle Lebensfragen gründlich am Arbeitsplatz.

Das ließ viele Altbundis sagen: »So wie die arbeiten, möchte ich Urlaub machen!« Aber die Ossis ertrugen solchen Sozialneid, weil sie eine Epoche voraus waren.

Doch nun hat sie die frühere Epoche wieder eingeholt, mit allen Konsequenzen. Und da nun in der Arbeitszeit wieder gearbeitet werden muß, muß man sich in der Freizeit auch wirklich erholen. Daher sieben Tips zur freiheitlichen Freizeitgestaltung:

1. Deutschland ist bekanntlich ein »Freizeitpark«. Das gilt vor allem für den Osten, wo nur ein Bruchteil der Einwohner vollbeschäftigt ist. Daher sollten Panamahut, Sonnenbrille und UV-Creme zur Alltagsausstattung gehören.

2. Wenn viele Ossis jahrelang nach Teilzeitjobs rennen, dann erleichtert es ihre Vermittlung, wenn sie eine gesunde Bräune im Antlitz tragen. Das Winterabo im Sonnenstudio an der Ecke ist also kein Luxus, sondern eine Bewerbungshilfe.

3. Man fährt nicht nach der Arbeit in den Garten, um Obst und Gemüse anzubauen.
Das Zeug liegt im Supermarkt rum. Im Garten ist nur noch das beruhigende Plätschern eines Springbrunnens aus italienischem Marmor zu sichern. Obi hilft!

4. Auch das zähe Ringen mit dem Baustoffhandel um einen Sack Zement ist längst vorbei. Die Ossis sollten daher endlich jedwede Bauaufträge für Heim und Garten

vertrauensvoll an das örtliche Handwerk vergeben. Die Bausparkasse weiß wie.

5. Wer sich den Proletenhobbys wie Kegeln, Joggen und Skatspielen hingibt, kann sich zwar erholen, aber nicht aufsteigen. Das geht nur über die Herrensportarten: Reiten, Golfen, Tennis, Segeln. Aber achten Sie auf standesgemäße Ausstattung!

6. Kann sein, daß Ihr Geld nicht reicht, um solche Freizeit zu finanzieren. Lassen Sie sich das keinesfalls anmerken, sonst kommen Sie nie an den Punkt, wo die richtigen Hobbys zur richtigen Stellung verhelfen.

7. Nie vergessen: Besser als üben hilft erben!

■ ONKEL WILLYS WUNDERSAME WANDLUNG

Fallbeispiel

Obwohl Onkel Willy seit seiner Geburt in Leipzig lebt, wo er als Aushilfskellner seine Rente aufbessert, tat er alles, um der erste Wessi in unserer Familie zu werden. Und tatsächlich kam er diesem Ziel immer näher.
1991 tauschte er seinen grünen Lederhut gegen einen silbergrauen Homburger um, weil er derlei Kopfbedeckung bei einigen Bankiers gesehen hatte. 1992 kaufte er einen bayerischen Lodenmantel, den er offen trug, wie die zugereisten Wessis. 1993 waren die Schuhe vom VEB »Banner« durch cognacfarbene Italiener ersetzt. 1994 ging er zu Designerkrawatten über. 1995 ließ er seinen Witwerring zum Herrenring mit blauem Stein umarbeiten. 1996 abonnierte er anstelle der »Volkszeitung« die »Welt«. 1997 weilte er im Kaiserbad Kissingen. 1998 war er mittels Rentennachschlag auf einen silbrigen Mitsubishi »Galant« umgestiegen. Und 1999 konnte ich ihm bestätigen: »Du machst eine Bugwelle wie der Kaschmirkanzler! Aber wenn Du wirklich vom ostdeutschen Herdentier zum westdeutschen Platzhirsch aufsteigen willst, dann brauchst Du andere Freizeit-Hobbys.«

»Wieso?« knurrte Onkel Willy. »Ich bin im Angelverband, ich jogge, ich spiele Skat ...«

Ich sagte: »Zählt nicht! Du mußt weg von den Proleten-Hobbys und hin zu den Herrensportarten: Tennis, Segeln, Golfen, Reiten. Das sind Statussymbole!«

Vier Wochen später wetterte Onkel Willy am Telefon: »Im Tennisclub braucht man große Scheine. Der Golfclub kostet das Doppelte. Im Yachtclub brauchst du Referenzen und das dreifache Geld. Das schaff ich nicht mit dem bißchen Trinkgeld.«

Ich sagte: »Du mußt Prioritäten setzen. Versetz deine italienischen Edelgaloschen, dann hast du Tennisschuhe. Für den Lodenmantel kriegst du Golfschläger. Wenn du das Auto versetzt, kannst du auch mal eine Segelyacht mieten. Und wenn du dann eine einsame Zahnärztin aufreißen kannst, dann zahlt die die Spesen.«

Wochen darauf bei Omas Geburtstag, heulte mir Willy die Jacke voll: »Im Tennisclub meinten sie, ich soll lieber Fußball spielen. Im Golfclub wollten sie mich mit meinen schäbigen Klamotten kaum reinlassen. Im Yachtclub sollte ich eine Kaution hinterlegen, ehe ich mich in den Kahn setzen durfte. Und die Weiber, die da rumsaßen, waren alle angebunden. Nee, Junge: Wenn du 'n richtiger Wessi werden willst, dann mußt du nicht zum Kostümverleih, sondern zur Bank. Aber ich bin nun nicht mehr kreditwürdig!«

Aus Mitleid schenkte ich Onkel Willy einen Doppelten ein, und ich schenkte ihm noch was: »Wenn du nun schon am Stock gehst, Willy, dann sollst du das in Würde tun. Ich hab da von Opa einen Krückstock mit Silbergriff geerbt. Der ist deiner!«

Onkel Willy ergriff meine Hand: »Wenn du das ernst meinst, dann hole ich gleich meinen letzten Anzug raus und geh zum Tanztee ins Hotel Savoy. Da ist nämlich heute Damenwahl. Vielleicht läuft mir doch eine einsame Zahnärztin in die Arme?«

»Mach das, Willy!« sagte ich. »Aber paß auf, daß sie nicht aus dem Osten kommt und ihre Praxis noch abbezahlen muß! Sonst ist deine Silberkrücke auch wieder hin!«

■ DER OSSI FEIERT

Der Ossi in mittleren Jahren ist rein genetisch eine Feierfrohnatur. In den alten Bundesländern findet er sein Pendant am ehesten unter den Rheinländern (siehe dort). Das Feiern wurde dem Ossi mit der Muttertrockenmilch Marke »Milasan« eingetrichtert.

Vierzig Jahre lang feierte der Ossi, daß die Schwarte knackte. Er ließ nichts aus.

Privat und im Kollektiv.

Er feierte den Tag der Mitarbeiter des sozialistischen Handels, den 50. von Lutz Jahoda, die Anerkennung der DDR durch die Malediven, den Hektarertrag, Katis Olympiasieg, den Bezugsschein für Schornsteinklinker, den Vaterländischen in Bronze.

Der Ossi feierte krank, er feierte freitags rot und montags blau!

Am 9. November feierte der Ossi den Mauerfall. Geil!

Dann die Deutschmark. Endgeil!

Und dann?

Pumpe!

Der Normalo unter den Ossis war urplötzlich seiner Identität und Liquidität zum Feiern beraubt: der Stellplatz zum 1. Mai von einer Döner-Bude besetzt, die Karte für Union so teuer wie ein M&S-Pneu, als Winkelement bestenfalls ein Flyer vom Pizza-Service – das ist die grausame Realität.

In puncto Feiern gehört der überparteiliche bekennende Neubundesländler zu einer Problemgruppe der neuen Bundesrepublik.

Fast ein Jahrdutzend hangelt sich der unverbesserliche Alt-Ossi seit 1990 mit traditionellen Familienfeiern, Grillabenden und sentimentalen Brigadetreffs durch: Kammsteak mit Werder-Ketchup, Wurstsoljanka, Spreewälder Gürkchen und saure Zwiebeln im Salatkarussell, Roastbeefröllchen mit Spreewälder Meerrettich, Partylichterkette, Musik von Schöbel, Herbert Roth und Puhdys. Alt wie ein Baum! Und nichts dazu gelernt!

Haben Sie als konservativer Feier-Ossi wirklich nicht bemerkt, daß der Kreis Ihrer Partygäste sich von Jahr zu Jahr verringerte?

Es fing an mit den Boys und Girlies. Okay, dachten Sie, der natürliche Schwund. Generationsbedingt. Dann fehlten bei den sommerlichen Gartenfesten die Besserverdienenden. Okay, dachten Sie, jahreszeitbereinigt. Teneriffa und so.

Wie verbittert aber waren Sie, als Sie am Morgen nach Ihrer ultimativen Ossi-Fete im TV-Report vom Christopher-Street-Day des Vortages ihre besten Schulfreunde Dirk und Detlef entdeckten. Als Drag-Queens mit falschen Wimpern! Deren Partyabsage per SMS vom plötzlichen Kindstod ihres Siamkaters Lottchen entpuppte sich also als glatte Lüge!

Zuletzt blieben von Ihrem Partystamm nur noch das Rentnerehepaar Krause, Alfred, der Ex-BGLer und Neo-Proll, sowie die einstige Kantinenfee Rotraud Zieschler, mit der Sie mal einen One-Night-Stand hatten, als so was noch Brigadefeier hieß.

Weitere Sausen finden in Ihrem Kleingarten nicht mehr statt, wegen des allgemeinen Frusts, der schwindenden Ostkultur und – der erhöhten Pachtbeträge.

Aber die Remmidemmi-Gene! Wohin mit dem Serotonin-Stau?

Die Sau rauslassen – aber wohin?!

»Vor der Wende mußten wir Wein zum Essen trinken. Heutzutage nehmen wir selbstverständlich Coca Cola!«

Sie fühlen sich als spaßwilliger Ossi zielgruppenlos?

Ihr Profil paßt in kein Massenevent?

Sie sind kein Homo, kein Raver, kein Hip-Hopper, kein Crack-Schniefer, kein Roller-Blader, kein Vereinsangler, kein Träger des Bundesverdienstkreuzes, kein Castor-Gegner, kein Star-Trekkie? Sie sind nicht im Urkrostitzer Schützenverein, nicht in der Selbsthilfegruppe für Ex-OibEs, nicht bei der CDU-Frauenschaft, nicht auf der Gästeliste des Bundespräsidenten und nicht mal bei den Weight Watchers?

Sie sind schlicht Behördenhengst im Finanzamt, Ressort Schmidt – Schulz?

Sie stehn am Tresen im Supermarkt und schneiden Speck?

Sie sind Dauergast auf dem Arbeitsamt?

Sie sehen sich als chancenlos in der Spaßgesellschaft?

Sie haben den Anschluß beim Feiern verloren? Sie fühlen sich unsicher auf Wessi-Partys?

He, sister! He, brother!

Geben Sie nicht auf! Sie sind lernfähig.

• Ziehen Sie einen Schlußstrich unter den sozialistischen Ringelpiez!

• Aber Step bei Step!

Tip: In der Übergangsphase helfen beim Drying-out Ostalgie-Parties!

Sehr beliebt: Eintritt nur im Blauhemd und unter Vorlage des PA der DDR.

• Verschrotten Sie endlich Ihre NVA-Gulaschkanone! Stattdessen stoppen Sie zum Junkfood im Drive-in.

Tip: Ein verpackter Doppel-Whopper schmeckt drinnen wie draußen!

• Wechseln Sie die Droge! Vom Klassenkampf zum klasse Hanf!

Tip: Verwechseln Sie beim Dealen nicht Bumble-Bee Ecstasy mit der Biene Maja!

• Was dem Jetset Monaco-Marbella-Miami, ist dem Partyhopper-Ost der Event-Drive Vorstadtdisco Delitzsch – Bahnhofspinte Demmin – Szeneschuppen Treuenbrietzen. Hoppen Sie mit!

Tip: Reisen Sie mit dem Familienpaß der Deutschen Bahn.

• Nur eine geile Performance kickt voll rein.

Verzichten Sie bei Partys künftig auf ossitypisches Outfit wie hauteng Radlerhosen, pinkfarbene Leggings, Lederbundjacken vom Inder, Lurex-Pullis, Pumps mit Goldschnallen, kupferrote Kurzhaarschnitte, No-name-sneakers u. ä.

Tip: Erkundigen Sie sich bei Ihren zur Lehre in die alten Bundesländer abgeschobenen Kindern und Enkeln nach der angesagten Fashion zum Auf- und Runterreißen!

• Trainieren Sie in kleinen Schritten den Wessi-Talk!

Laden Sie betroffene Mitossis zum gemeinsamen Chillout in Ihre vier Wände. Versuchen Sie zunächst für drei Stunden, die Themenkreise Jahressteuererklärung, Pauschalreisen und Designer-Badarmaturen nicht zu verlassen.

Tip: Singen Sie nach einer Stunde als therapeutische Supervision gemeinsam ein FDJ-Lied, und legen Sie den Acht-Millimeter-Streifen vom Pfingsttreffen auf.

Willkommen auf dem Partyplaneten! Jeden Tag ein Date! Jedes Weekend ein Event!
Abfahren, Abgehen, Abfeiern! Sie schaffen es!

»Das ist noch guter alter Kristallklarer. Der schleicht sich langsam an den Trinker heran, um ihn dann schlagartig zu Boden zu werfen.«

■ VÖLKER HÖRT DIE SIGNALE!

Aufforderung, eins aufs Ohr zu geben

Vorbei die Zeiten, als der zwischen Elbe und Oder stationierte Bürger nur die Auswahl hatte, »Auf den Flügeln bunter Noten« zu lauschen oder einem Heinz, dem Quermann sein Ohr zu leihen, der sich gereimt ankündigen ließ »Radio DDR bringt für Sie – die Schlagerrevue!« Ach ja, dann gab es noch Punkt. Unterschrift. Gezeichnet Herbert Küttner.

Heute hört das Ostmensch, während es die fette Rente, das fette 322-Euro-Einkommen oder die fette Sozialhilfe verfrißt, immer die beste Musik. Die beste Musik der Siebziger, Achtziger, Neunziger und von heute. Das Beste von heute ist das Beste aller Zeiten auf dem besten Sender, mit den besten Moderatorten, die endlich Schluß mit dem Gequatsche machen. Denn ein Hitradio

ist ein Hotradio, ein Musikteppichhändlerradio, ein RAdioDAU, ein RadioGAU, der dir aufs Ohr drückt, was als ins Auge springende Schnäppchen das Beste von heute und immer – nein! Schluß mit dem Gequatsche.

Sollte das Ostmensch der gutgemeinten Aufforderung nicht folgen, ist das Ostmensch ein Ignorant, ein Ewiggestriger, ein Hanns-Eisler-Ernst-Busch-Honecker-Ulbricht-Verehrer und sollte mit Schalmeien und Schlagzeug abgestraft werden. Natürlich darf das Ostmensch Frank Schöbel hören, denn der ist einer von uns, und Veronika Fischer, denn die ist wieder eine von uns, weil sie für Gisela singt und alle Freundinnen unseres Rundstrickkreises. Wir haben noch immer unsere Freude an Utes Freudenberg, weil Ute immer und immer wieder unsere Jugendliebe bringt, den Tag, da man beginnt, alles anders, also mit demokratischen Augen neu zu sehn. Auch Biermanns Wolf, einer von uns, singt für uns, weil er so schön herrscherlich heult. Auch die Prinzen

»Das ist der Gastdirigent aus dem Vogtland. Wer weiß, ob der überhaupt Noten lesen kann.«

sind Könige von uns, während Hartmut kein König mehr ist, sondern einer, dem mal gesagt werden muß, wo wir jetzt stehen. Auf unserem Musikteppich nämlich. Mit beiden Ohren fest ans Grundgesetz gepreßt, das Schluß macht mit dem Gequatsche. Wir hören die Signale, denn wir sind das Volk, das Jingles hört. Uns vereint gleicher Sinn, gleicher Mut. Warme Brüder aller Nationen grenzen wir nicht mehr aus, es sei denn, sie sind Ausländer oder schwul. Wir sind auferstanden aus Ruinen und der Landeswelle zugewandt. Hau drauf, hau drauf – Hau drauf, hau drauf, neue deutsche Jugend, hau drauf, auf die Drums und die Schweine, die dich vierzig Jahre belogen und betrogen – wir machen das Beste draus, das Beste aus den verpfuschten Siebzigern, den vertrödelten Achtzigern, den verzockten Neunzigern und den höchsten Arbeitslosenzahlen von heute. Wir machen Schluß mit dem Gequatsche der Parlamentarier, dem Gedöns der grünen Benzinpreistreiber, wir haben unsere Antenne und wir haben eine sehr feine Antenne, wem wir eine aufs Ohr geben können, bis ihm das Hören in unserem sangesfreudigen deutschen Vaterland vergeht. Voran an Geschützen und Gewehren, auf Schiffen, in Fabriken und im Schacht, tragt über den Erdball, tragt über die Meere, die Wellenlänge des Besten von Heute zur Schlacht.

ZUR GESCHÄFTSORDNUNG DES VEREINS

Eine Darlegung

Eigentlich kannte der gemeine Ossi in jenen Zeiten, als er noch Werktätiger hieß, gar keinen Verein. Er war Mitglied, aktives Mitglied, vielleicht auch Kamerad, Kollege, Bundesfreund oder als höchstes und letztes Stadium Genosse. Niemals hätte man ihn offiziell schlichtes Vereinsmitglied der Briefmarkensammler heißen dürfen: Er war Mitglied der Fachgruppe der Philatelisten im Kulturbund zur demokratischen Erneuerung Deutschlands. Als Deutschland in Form der DDR dann demokratisch-antifaschistisch zugerichtet worden war, gab es nur noch den Deutschen Kulturbund, der seine letzte Ausprägung als Kulturbund der DDR erreichte.

Die Fachgruppen Kakteen und Sukkulenten, Numismatik oder Heraldik und die Freundeskreise »Alte Wassermühle« oder »Neues Denken« gibt es inzwischen längst nicht mehr – doch in den Vereinen Deutscher Wappenkundler oder Deutscher Wanderwegsbeschrifter sitzt er wieder. Der alte DDR-Freundeskreisler. Und macht sich manchmal mausig. »Früher zu Ostzeiten haben wir …«, beginnt er seine umständlichen Darlegungen, die jeden echtgeborenen Vereiner zum Haareausraufen bringt.

Drum muß ein Vereinsmitglied von gestern, das ein bundesdeutsches Vereinsmitglied werden will, vor allem diesen Ruf immer wieder üben: »Antrag zur Geschäftsordnung!« Denn die Geschäftsordnung ist der eigentliche Lebenszweck eines deutschen Vereins, wie er jetzt endlich auch wieder im Osten das gesellschaftliche Leben durchdringt. Wenn früher die Fachgruppenmitglieder sich auf Zuruf verständigten: Also Ernst, du machst den Kassierer und Helga bleibt auch nächstes Jahr die Vorsitzende, so ist diese undemokratische Kungelei heutzutage ad acta gelegt. Es gibt zunächst interne Vorbesprechungen, informelle Rundrufe unter designierten Vorstandsmitgliedern und schließlich demokratische Geschäftsordnungsdebatten.

Ein wirklich moderner deutscher Verein kennt Quotenregelungen und die wasserdichte juristische Absicherung der Abweichung von der Ämterrotation. Die demokratische Aktion auf dem Boden des Grundgesetzes ist der entscheidende Impuls für Vereine – nicht Lust am Wandern, an Briefmarken oder japanischer Kampfsporttechnik. Wer im Verein anfängt, über die Blaue Mauritius oder Ausflugsziele zu diskutieren, verrät sich als weltfremd, mithin als Ostalgist. Entscheidend sind Mittel und Zuwendungen. Ein Vereinsleben entfaltet sich immer auf der rechtlichen Grundlage der Gemeinnützigkeit. Nur der Gemeinnützige bekommt Geld für sich. Somit wird ein Vereinsmitglied, das sich in die im Westen bewährten Strukturen hat hineinwachsen lassen, als erste Frage nie in den Raum stellen: Was machen wir? Sondern: Wo kriegen wir Geld her?

Verbindet er diese Frage mit einem Antrag zur Geschäftsordnung, hat er endgültig und auf demokratischer Grundlage bewiesen, daß er ein Vereinsmitglied neuen demokratischen Typus ist, also angekommen in den Strukturen.

■ Fit oder fett?

> Das fetteste Fressen ist die Erinnerung.
> *Günter Mittag*

Der Ossi ist zu fett.

Oma, Opa, Vater, Mutter, Kinder, Enkel – alle sind zu fett! Auch heute noch!

Wegen der DDR! Die Älteren sind zu fett wegen all dem, was es in der DDR gab, und die Kinder sind heute zu fett wegen dem, was es in der DDR nicht gab.

Es gab Wellfleisch, Koteletts und Eisbein, Butter, Milch, Rotkohl, Nudossi und Vierfruchtmarmelade und Negerküsse, die man wegen des proletarischen Internationalismus nicht so nennen durfte – und Äpfel.

Fritten mit Mayo gab es nicht – zumindest nicht mitten auf der Straße am Kiosk, unkontrolliert von Erziehungsberechtigten. Es gab keine Lila-Milka-Kühe. Thomas Gottschalk verkaufte an Ossis über den eisernen Vorhang nur Wetten und keine Gummibärchen. Es gab auch keine Dickmanns, also Negerküsse, die man heute wegen – ja, wegen was eigentlich? – wieder nicht so nennen darf.

Am 9. November 1989 wendete sich erstens die Weltgeschichte und zweitens der Magen des Ossis!

Leute zwischen Kap Arkona und Fichtelberg, die Papaya bis dato für einen Superhit Harry Belafontes gehalten hatten, stellten erstmals fest, daß sie schon immer reich waren – reich an Allergien, die sie endlich ausleben durften: Allergien gegen Tropenfrüchte, Kakao, Pinienkerne, T-Shirts aus Korea – und sogar Gummibärchen!

Heute gibt es mageres Straußenfilet, Putenschenkel und Hähnchenleber, Obst und Gemüse im Überfluß, und trotzdem – der Ossi ist zu fett.

Ein halbes Jahrhundert zu fett!

Früher – das ist klar! – da fehlte dem Ossi die Bewegung. Denn es ging zwar mit dem Sozialismus enorm schnell voran, an der Schlange am Fleischstand hingegen weniger. In kleinen Schritten sozusagen. Auf diese Weise verstanden die Leute ihre Zeit und mißverstanden das Wesen Sozialismus.

Heute, wo man sich nicht mal mehr erinnert, ob es an Minol-Tankstellen außer Benzin auch was anderes, wie etwa die BZ am Abend oder Sixpacks, zu kaufen gab, haben die Ossis beides nicht mehr: keine Zeit und keinen Sozialismus.

Dessen Wesen erklären ihnen, wenn die Ossis überhaupt noch Interesse dafür haben, solariengebräunte Nichten aus dem Odenwald oder Onkel Alois aus Aschaffenburg, dieser bayerische Soziologe und Weißwurstkacker.

Achso ja, Weißwürschtel gibt's jetzt auch im Osten. Endlich!

Bewegung haben die Ossis nun genug, oder besser Mobilität. Sie jagen wegen der Schnäppchen, ihrer goldenen Kundenkarte, dem Stammkäufer-Rabatt oder der Sparwoche durch Stadt und Land – und nehmen kein Gramm ab. Denn das Billigste ist gerade fett genug!

Merke: Weil du arm bist, mußt du fetter sterben!
Abgespeckt wird der Ossi rundum, nur dünner wird er nicht.

... Da saßen wir nun und konnten es kaum fassen, wie geschickt unser Geschäftspartner aus dem Osten mit Messer und Gabel umzugehen verstand.

Verschlankt werden die Betriebe, die Kleinbahnen, die Postfilialen, Weihnachtsgelder, Arzneimittelbudgets, Orchester. Okay, wenn die Hallenbäder geschlossen werden und der Nahverkehr eingeschränkt wird, ergibt das Sinn. Zur Arbeit joggen oder walken hält auch fit. Von Schwedt nach Eisenhüttenstadt könnte der Ossi sogar schwimmen. Bei guter Form – in zwei Tagen! Aber er ist ja nicht in Form und gut schon gar nicht.

Politik geschieht also zum leiblichen Wohl des Volkes, speziell im Osten. Soviel zum Thema Diäten.

Deshalb: Nehmen Sie dem Staat und der Politik eine Last ab – nehmen Sie ab!

Ändern Sie Ihre Eßgewohnheiten:
• Sehen Sie die Überstunden in ihrer Knochenmühle positiv. Nach allgemeinem Ladenschluß bleibt Ihnen beim Italiener angesichts der Euro-Preise die Lasagne von selbst vor dem Magen stehen.
• Verstärken Sie alle Aktivitäten, die von vornherein satt machen, zum Beispiel Besuche im Finanz-, Arbeits- und Ordnungsamt, in Kfz-Zulassungsstellen und der Rentenanstalt.
• Bevorzugen Sie die ballastreiche mediterrane Ernährung: Verlegen Sie als – von Verfettung (s. o.) besonders bedrohter – mittelloser Arbeitsloser, Pensionär oder Sozialhilfeempfänger ihren Lebensmittelpunkt an die Côte d'Azur oder nach Monaco.
• Kochen Sie total geschmacklos nach dem Ifor-Bestseller »Schnellgerichte von Rudolf Scharping«, und Ihnen vergeht der Appetit.
• Steigen Sie in die Politik ein! Versuchen Sie es mit

bewährten Abgeordneten-Diäten ohne Jojo-Effekt! Lassen Sie sich in Land- oder Bundestag wählen, und Sie können sich – allein von den Spendengeldern – rundum Fettabsaugen leisten.

Falls das alles nichts fruchtet, trösten Sie sich als Ossi. Fett schwimmt immer oben!

■ DIE UMWERTUNG DER WERTE

So irrsinnig schnell die Umwertung der Währung verlief, so wahnsinnig langsam verläuft die Umwertung der Werte!

Aber ob die zweierlei Deutschen jemals Menschen aus gleichem Holz werden – deutsche Eiche, versteht sich – das entscheidet sich nicht nur im Portemonnaie oder in der Brieftasche, sondern auch im Kopf und im Herzen.

Also: WEM ist WAS besonders WICHTIG fürs Wohlsein und die Würde?
Und WER hat WELCHE unwerten WERTE vereinigungsgemäß umzuwandeln?

Wie die »Frankfurter Rundschau« im Sommer '98 in einer ganzseitigen Analyse feststellte, fühlen sich nur neun Prozent der WESSIS als WESSIS, denn ein richtiger WESSI ist: 1. Deutscher, 2. Europäer und 3. Bewohner einer Region zwischen Helgoland und den Alpen.

Natürlich sehen das die Bayern und die Ostfriesen anders, aber Bayern ist nun mal seit Jahrhunderten eine autonome Bergrepublik, und die Ostfriesen werden nicht umsonst mit dem Kürzel »OSSI« belegt.

Jene OSSIS aber, die 1990 »Heim ins Reich« geholt wurden, fühlen sich in ihrer Mehrheit: Erstens, als Ostdeutsche, zweitens, als Deutsche und drittens, als Europäer. Demzufolge muß das Deutsche im Ostdeutschen gestärkt werden. Alle Versuche, dies über Volkshochschullehrgänge zu schaffen, schlugen fehl. Aber das Triumphgeheul über die Fußballweltmeisterschaft oder die

Autorennen lassen hoffen, denn da brüllten Ossis wie Wessis: »Rudi, hau die Saudi!« Oder: »Deutsche Männer fahren deutsche Autos!«

Die Allensbacher Meinungsforscher fragten: Was gibt dem WESSI Sicherheit?
   1. Geld, sagen 76 Prozent.
   2. Eigenheim, sagen 75 Prozent.
   3. Renten- und Erbansprüche, sagen 73 Prozent.
   ...
   8. Recht und Gesetz, sagen 53 Prozent.
   9. Arbeitsplatz, sagen nur 46 Prozent.
   10. Versicherungen, sagen 40 Prozent.

Die OSSIS antworteten anders. Da stand die Arbeit ganz oben, gefolgt von der Familie und den Freunden.

Wie läßt sich das ändern? Nun, am wirksamsten durch die Abschaffung der Arbeit.

Das ist für viele Millionen erreicht. Auch die Abschaffung der Familie macht Fortschritte. Und Freundschaft wird auch im Osten zunehmend durch Neid, Mißgunst und Entsolidarisierung verdrängt.

Noch l e i d e n viele OSSIS unter der Massenarbeitslosigkeit. Besonders die weiblichen OSSIS im erwerbsfähigen Alter, die zu 90 Prozent in die Arbeitswelt integriert waren, während die weiblichen WESSIS nur zu 40 Prozent die Erwerbstätigkeit zu schätzen wußten oder nutzen konnten. Das kann aber auch an dem unterschiedlichen Betriebsklima gelegen haben.

Eine infas-Umfrage unter Berufsanfängern brachte bei Mehrfach-Ankreuzung folgende Negativ-Bilanz vom Betriebsklima in der Marktwirtschaft zum Vorschein:

56 Prozent kritisieren die vielen Intrigen.
47 Prozent nennen das Anschwärzen beim Chef.
37 Prozent fürchten die Launen der Vorgesetzten.
35 Prozent rügen den Neid der Kollegen.
30 Prozent stöhnen über Hektik und Leistungsdruck.
26 Prozent vermissen die Anerkennung ihrer Arbeit.
23 Prozent sind schockiert vom Konkurrenzkampf jeder gegen jeden.

Da muß man doch dem lieben Gott – oder dem Bundesverband der deutschen Arbeitgeber, was dasselbe ist – jeden Tag auf Knien dankbar sein, wenn man aus solch einer frustrierenden Arbeitswelt durch die wachsende Erwerbslosigkeit ausgesperrt bleibt!

Die OSSIS haben da noch viel von den WESSIS zu lernen. Noch trifft man viele OSSIS, die glauben: Wenn die Menschwerdung des Affen nur durch Arbeit gelang, muß der Entzug der Arbeit die Menschen affig werden lassen.

Wahr ist hingegen, daß immer weniger Arbeiter für die Arbeit gebraucht werden, weil Roboter schneller, präziser, ausdauernder und damit billiger sind. Sie sind die besseren Affen, und es wäre affig, das nicht einzusehen.

Platz Eins in der Werteordnung kann also nicht das Malochen sein, sondern nur das Malochen-lassen. Die Vergabe der Bundesverdienstkreuze beweist übrigens ebenso die Richtigkeit dieser These wie die soziale Zusammensetzung des Bundestages. Da kommen auf jeden Lohnabhängigen etwa 30 Selbständige.

Woran liest man den sozialen Rang des Nachbarn ab? Auch da folgt die Mehrzahl der WESSIS anderen Werten als die Mehrzahl der OSSIS:

WESSIS bewerten 1. Das Haus. 2. Das Auto. 3. Das Outfit.

OSSIS haben nur zu einem Fünftel ein Haus, nur zu zwei Fünfteln einen ansehnlichen Neuwagen, und drei Fünftel von ihnen investieren für das Outfit keine besonderen Summen und Mühen.

Stärker als die »Vorzeige-Werte« wiegen im Osten immer noch die »inneren Werte«.

Das darf und wird so nicht bleiben, denn innere Werte lassen sich schwer erkennen und kaum wiegen. Am Ende stünde die Putzfrau über dem Generaldirektor und damit das ganze System auf dem Kopf!

Die Frauenzeitschrift »Brigitte« kam auf den verfänglichen Einfall, zu fragen, ob OSSI- und WESSI-Frauen womöglich zweierlei Lesegewohnheiten haben.

Sie haben! WESSI-Frauen bevorzugen Leichtes bis Seichtes vom unehelichen Kind des hartherzigen Grafen bis zu den grauen Schläfen des Chefarztes der Schwarzwaldklinik.

OSSI-Frauen suchen tiefere menschliche Konflikte beim Streben nach einem sinnvollen Leben. Auch, wenn die Omas gerne mal zum Drei-Groschen-Heft greifen und die Jungen öfter im Comicheft blättern.

Auch Autoverkäufer berichten von zweierlei Herangehensweise der kaufkraftgeschwächten OSSIS und der systemkonformen WESSIS:

Der WESSI fragt meist nach dem neuesten Modell. Den OSSI interessiert mehr das Meistgekaufte.

Der WESSI sucht gern die prestigeträchtigen Marken. Der OSSI schaut mehr auf den Preisvorteil.

Den WESSI juckt schnell die Zahl der PS. Der OSSI fragt häufiger nach dem Spritverbrauch.

Der WESSI komplettiert gern mit der Klimaanlage. Der OSSI sucht Extras ohne Aufpreis.

Der WESSI stößt ab vor der Generalüberholung. Der OSSI fährt oft bis zur Schrottpresse.

Im Westen tarnen sich Großverdiener gerne mit Kleinwagen. Im Osten werten sich Kleinverdiener gerne mit den abgelegten Wagen der Oberschicht auf.

In beiderlei Deutschland fahren immer mehr Autos immer weniger Kilometer, dafür in ungebremstem Tempo zu katastrophalen Schadensbilanzen.

Bei 500 PKW auf je 1 000 Einwohner müßte es gar keine Viersitzer mehr geben, zumal allermeist nur eine Person drin sitzt. Wenn das Auto kein Prestigeobjekt, sondern ein Verkehrsmittel wäre, könnte man mit halb so viel Blech und halb so viel Sprit von A nach B kommen. Die Automobilhersteller expandieren jedoch in beide Richtungen, damit in der labilen Umweltbilanz die Minimierung der Kleinwagen die Maximierung der Großen auffängt.

Das ist zwar alles Wahnsinn, aber was in dieser Ordnung ist das nicht?

Den OSSIS fehlen noch eine gewisse Gewissenlosigkeit und Zahlungsfähigkeit, um sich an diesem Spiel ungebremst zu beteiligen, wo eine Unzahl von Teilnehmern so tut, als hätten sie eine zweite Erdkugel im Kofferraum.

Ein letztes Indiz für die zweierlei Werteordnung sind die Ausgaben für das körperliche Wohlbefinden. Die vierköpfige Westfamilie versprüht durchschnittlich 70 Euro im Monat für Schönheit, Riechbarkeit und Gesundheit. Die OSSIS dümpeln bei 50 pro Monat dahin, und davon geht noch die Hälfte in die Apotheke, statt in die Parfümerie, weil da Gesundheit vor Schönheit rangiert.

Es kommt aber beim Einstellungsgespräch nicht darauf an, wie gesund man ist, sondern wie gesund man aussieht. Nicht, ob der Personalchef den Bewerber gebrauchen kann, sondern ob er ihn »riechen« kann. Nicht, ob die Bräune aus der Cremedose kommt, sondern wie lange sie haftet.

Eines Tages werden die OSSIS auch das gelernt haben. Doch dann wird keiner der WESSIS mehr wissen, wie die OSSIS einmal gedacht und gelebt haben, ehe sie von den WESSIS adoptiert wurden. Und das wäre dann echt schade!

■ *Praxisübungen*

Erkenne dich selbst! Ein Fragebogen

1. Ihr Nachbar im neuen Wohnpark fährt mit einem Mercedes der S-Klasse vor. Wie reagieren Sie?
  A Ich ziehe zurück in den Plattenbau.
  B Ab morgen grast ein Pferd in meinem Vorgarten.

2. Im Restaurant haben Sie Lasagne bestellt. Wie essen Sie die?
  A mit Stäbchen
  B mit den Fingern

3. Auch Sie können zu den Reichen und Schönen gehören. Gehen Sie zur Typ-Beratung. Suchen Sie einen Star-Friseur auf. Wofür entscheiden Sie sich auf keinen Fall?
  A Dauerwelle mit Blaustich
  B Schamhaare ondulieren

4. Sie haben an einem Preisausschreiben teilgenommen, wahlweise einen Abend mit Uschi Obermeier oder Chris Doerk gewonnen. Mit wem wollen Sie ausgehen?
  A Uschi Obermeier
  B Chris Doerk

5. Sie sind zu einem Empfang geladen. Am Büffet sichern sie sich die Austern. Warum?
  A weil da Perlen drin sind
  B damit die anderen nichts abkriegen

6. Welche musikalische Umrahmung zur Feier des Tages der deutschen Einheit halten Sie für fehl am Platze?
   A einen Schalmeienzug
   B ein Blockflöten-Solo

7. Sie sind aus dem Urlaub zurück. Was ist auf den Fotos zu sehen, die Sie Ihren Bekannten zeigen?
   A Mutti auf der Luftmatratze auf dem Malchiner See
   B Mutti unter Palmen

8. Am 1. Mai gehen Sie demonstrieren. Wie begrüßen Sie die Mitdemonstranten?
   A Bussi links, Bussi rechts
   B »Rot Front!«

9. Sie sind Gast in einer Talkrunde. Befragt, wie's denn so war mit 40 Jahren DDR, antworten Sie …
   A »Es war nicht alles gut!«
   B »Ich habe noch viel aufzuarbeiten.«

10. Sie bestellen ein Bier. Die Kellnerin fragt: Jever, Radeberger, Flensburger, Bitburger, Hasseröder, Wernesgrüner, Warsteiner, Schultheiß, Krombacher, Erdinger …? Sie sagen:
   A »Was, kein Budweiser?«
   B »Ach, doch lieber 'ne Selters.«

Die richtigen Antworten sind:
1. B
2. weder noch
3. A
4. A (who the fuck is Uschi Obermeier?)
5. B
6. sowohl als auch
7. B
8. A
9. B
10. A

Alle Antworten richtig:
Tschaka! Sie haben's kapiert! Sie sind angekommen.

Ein bis drei falsche Antworten:
Nicht aufgeben, Sie sind lernfähig, besuchen Sie eine Selbsterfahrungsgruppe »Mein Leben in der Diktatur«, belegen Sie einen Volkshochschulkurs »40 Jahre DDR-Unrecht«.

Vier und mehr falsche Antworten:
Hoffnungslos ostsozialisiert! Sie sind und bleiben ein Zonendödel!

SÜLZOMAT 2000®

■ DER ULTIMATIV-RHETORISCHE 3-PHASEN-PHRASEN-KOMMUNIKATOR

Zum Selberbasteln!!!

SÜLZOMAT 2000®

Die Dreierkombination aus jeweils einem Element jeder Phase ergibt ein nahezu unerschöpfliches Potential für politisch knackige Ein- und Auslassungen.

Beispiele
A 02/08/19: selbsttragende Betroffenheitskonsolidierung
B 13/05/01: mittelfristige Menschenrechtsreform
C 10/04/02: ausgewogene Globalisierungsessentials

PHASE I	PHASE II	PHASE III
01 demokratische	01 Besitzstands	01 -reform
02 selbsttragende	02 Aufschwungs	02 -essentials
03 bürgernahe	03 Gefälligkeits	03 -demokratie
04 effiziente	04 Globalisierungs	04 -optimierung
05 ultimative	05 Menschenrechts	05 -orientierung
06 soziale	06 Markt	06 -wirtschaft
07 unabdingbare	07 Prioritäts	07 -dynamik
08 dynamische	08 Betroffenheits	08 -bewältigung
09 postmoderne	09 Gerechtigkeits	09 -lücke
10 ausgewogene	10 Beschleunigungs	10 -maßnahme
11 politische	11 Willens	11 -bildung
12 sozialverträgliche	12 Freiheits	12 -perspektive
13 mittelfristige	13 Konjunktur	13 -stabilisierung
14 flächendeckende	14 Spaß	14 -kultur
15 humanitäre	15 Überfremdungs	15 -befindlichkeit
16 unverzichtbare	16 Verantwortungs	16 -gemeinschaft
17 konstruktive	17 Integrations	17 -kompetenz
18 nachvollziehbare	18 Kosten	18 -dämpfung
19 selbstverschuldete	19 Wachstums	19 -konsolidierung
20 historische	20 Beschäftigungs	20 -bilanz

Ein exklusives Gemisch von jeweils 3 dieser lexikalischen Einheiten aus dem Vokabular des Überbringers guter Botschaften ergibt eine Riesenauswahl ebenso ausdrucks- wie eindruckvoller Statements, welche die Wählerinnen und Wähler bezaubern durch stringente Sinnlosigkeit und zupackende Redundanz. Hierbei ist die Reihenfolge der syntaktischen Elemente völlig irrelevant für den rhetorischen Sukzeß. Und! Wer über einen wenigstens durchschnittlich gefestigten Hauptschulwortschatz gebietet, hat keine Mühe, das Wortgut nach Belieben zu erweitern. SÜLZOMAT 2000 ® – man braucht ihn einfach! Nicht oft, aber immer öfter. Er ist das Ende der Sprachlosigkeit!

Beispiele:
A Die selbsttragende Betroffenheitskonsolidierung ist ein Muß für jede mittelfristige Menschenrechtsreform.
B Die mittelfristige Betroffenheitsreform steht in einem sozialverträglichen Verhältnis zu den ausgewogenen Globalisierungsessentials.
C Die ausgewogene Globalisierungskonsolidierung ist für jede selbsttragende Menschenrechtsreform unverzichtbar.

So entsteht er – unser SÜLZOMAT 2000®:
Mittels Schere trennen wir drei ca. 6 cm breite und 15 cm lange Streifen aus mittelstarkem Karton heraus, auf die wir das sprachliche Material für die 3 Phasen aufbringen. Alsdann fertigen wir ein Tableau mit der Aufschrift SÜLZOMAT 2000®. Durch Zug oder Schub läßt sich im vorbereiteten dreifenstrigen Display jede gewünschte Kombination kurzfristigst herstellen.

Und so sieht er komplett aus, unser ultimativer Kommunikator:

PHASE I	PHASE II	PHASE III
	01 Besitzstands	
	02 Aufschwungs	
	03 Gefälligkeits	01 -reform
01 demokratische	04 Globalisierungs	02 -essentials
02 selbsttragende	05 Menschenrechts	03 -demokratie
03 bürgernahe	06 Markt	04 -optimierung

SÜLZOMAT 2000®

08 dynamische	10 Willens	09 -lücke

13 mittelfristige	16 Verantwortungs	14 -kultur
14 flächendeckende	17 Integrations	15 -befindlichkeit
15 humanitäre	18 Kosten	16 -gemeinschaft
16 unverzichtbare	19 Wachstums	17 -kompetenz
17 konstruktive	20 Beschäftigungs	18 -dämpfung
18 nachvollziehbare		19 -konsolidierung
19 selbstverschuldete		20 -bilanz
20 historische		

Und gratis dazu gibt's auf Seite 125 den Mindestwortschatz 2000 der politischen Willensbildung!

**Mindestwortschatz 2000
der politischen Willensbildung!**

Arbeitsplätze – Aufarbeitung – Auslaufmodell
Beschäftigungsgipfel – Besitzstandswahrung
Besserverdienende – Betonköpfe – Cash – Crash
Denkmodell – Deutsche Spaßkultur – Duales
System – Eckrentner – Eine andere Republik
Einzelfallprüfung – Etikettenschwindel – Ex und hopp
Finanzspritze – Flexibilisierung – Frieden und Freiheit
Gemengelage – Gewinnmitnahme
Gerechtigkeitslücke – Globalisierung – Grauzone
Handlungsbedarf – Hardliner – Heißer Herbst
Historische Chance – Identität – Industrielle Kerne
Investive Ströme – Kompetenzgerangel
Kostendämpfung – Kreditinstitute – Leistungsträger
Lobby – Lohnnebenkosten – Man sieht sich
Mitbürger – Mitverantwortung – Nachbessern – Nägel
mit Köpfen – Nullrunde – Ofenfrisch – Outplacement
Outsourcing – Outfit – Paradigmenwechsel
Personaldecke – Problemstau – Prüfstand
Querschnittskompetenz – Randgruppen – Restrisiko
Roß und Reiter – Schadensbegrenzung
Schlagabtausch – Schlußstrich – Schmerzgrenze
Schmusekurs – Schritt in die richtige Richtung
Seilschaft – Sozialneid – Standort Deutschland
Talsohle – Trendy – Ultimativ – Umbau – Umdenken
Und tschüs – Verantwortungsgemeinschaft
Verwerfungen – Wenn und Aber – Wertewandel
Wildwuchs – Wir telefonieren – Wohlfühlklima
Zielzentriert – Zweites Standbein – Zukunft – Alles klar!

▄ WAS IST OUT? WAS IST IN?

☹ NVA-Trainingsanzüge	☺ Hüfthosen mit Spitzentanga
☹ Volkseigentum	☺ Gysi total supper finden
☹ Mallorca	☺ Usedom
☹ Brigadefeiern	☺ Blind Dates
☹ Heißer Sommer	☺ GZSZ
☹ Demo	☺ Techno
☹ Kir Royal	☺ Caipirinha
☹ Sandalen	☺ Fußpilz
☹ »mega«	☺ »cool«
☹ Straße der Besten	☺ VIP-Lounge
☹ Joggen	☺ Schattenboxen
☹ Täve Schur	☺ Olli Kahn
☹ Pioniergeburtstag	☺ Love Parade
☹ Gameboy spielen	☺ Trittbrettfahren

☹ Frida Hockauf	☺ Catwalk-Ladys
☹ IKEA-Möbel	☺ FDP wählen
☹ Egon und das achte Weltwunder	☺ Romane von Martin Walser
☹ FDJ-Hemden	☺ vollgutdraufsein
☹ Broiler	☺ Müsli
☹ Frauenberufsmäntel	☺ Beauty-Farm
☹ Schule	☺ Pumpguns
☹ Subbotniks	☺ Extremsport
☹ Lipsi	☺ Tango
☹ Konsummarken	☺ Pay-back-points
☹ Singeclubs	☺ Grand Prix
☹ Parteilehrjahr	☺ Wellness
☹ Grillabende	☺ ayurvedischer Kaffee
☹ antifaschistischer Schutzwall	☺ Trennkost

Verzeichnis der Karikaturen:
Beck (17), Roland Beier (103), Manfred Bofinger (38, 47), Peter Butschkow (94), Henry Büttner (78), Christine Dölle (23), Ralf Alex Fichtner (44), Barbara Henniger (8, 59, 67, 110), Heinz Jankofsky (27, 36, 97, 99, 100), Nel (33, 52), Lothar Otto (69, 81), Thomas Plaßmann (64), Andreas Prüstel (31), Milen Radev (108), Rattelschneck (117), Erich Rauschenbach (89), Reiner Schwalme (20), Klaus Stuttmann (12), Peter Thulke (50, 61), Freimut Wössner (40, 76, 83)

ISBN 3-359-01449-9

© 2002 Eulenspiegel · Das Neue Berlin
Verlagsgesellschaft mbH & Co. KG
Rosa-Luxemburg-Str. 39, 10178 Berlin
Umschlagentwurf: Peperoni Werbeagentur, Berlin
Druck und Bindung: Ebner & Spiegel, Ulm

Die Bücher des Eulenspiegel Verlags erscheinen
in der Eulenspiegel Verlagsgruppe.
www.eulenspiegel-verlag.de